아버지에이아 어디에 있나?

오디오에 관심 있나요

2021년 5월 10일 제1판 제1쇄

지은이   서한석
펴낸이   강봉구

펴낸곳   북만손출판사
등록번호   제406-2018-000139호
주소   10892 경기도 파주시 와석순환로 307, 1107-101(목동동, 산내마을11단지 현대아이파크 아파트)
전화   070-4067-8560
팩스   0505-499-8560
홈페이지   http://www.bookmanson.co.kr
이메일   bookmanson@naver.com

©서한석

ISBN 979-11-90535-05-2   03100
값은 뒤표지에 있습니다.

서한석 지음

동양사상의 숨바꼭질

아테이아 어디에 있나?

북랩

목차

1부 길을 나서다

2부 유불儒佛의 길

3부 현실에서 길찾기

4부 길의 아레테이아

*

    필자는 우리 역사 속에서 길이 빛나는 정신을 망각하며 살아온 것이 아닌지 반성한다.

    교조적 주자학을 비판한 정신!
    세도 정치와 학정에 항거한 정신!
    침략과 치욕의 역사에 저항한 정신!
    맹목적 굴종과 독재의 역사를 바꾸려는 정의!

    그 속에서 수많은 선조들의 희생이 있었다. 이 모든 정신사의 선구자들이 사라지고 일부 선현들만 가까스로 살아남아 명맥을 유지해 왔다. 그 희생과 처절한 역사의 바탕 위에서 21세기를 맞았다. 비로소 21세기에 들어 자존과 자립의 역사가 모든 난관을 이겨 내며 시작되고 있는 것이다.

*

레테lethe는 망각의 여신이자 망각의 강이다. 그리스 신화를 보면 사람이 죽으면 레테를 건너며 강물을 한 모금 마신다고 한다. 그러면 과거의 모든 기억과 번뇌가 지워진다. 레테는 전생의 연이 삭제되는 장치이자 관념이다.

그리스어 아레테이아aletheia는 '진실성', '약속을 잊어서는 안 되는', '약속은 반드시 지켜야 한다는' 뜻이다. 탈a과 망각, 은폐letheia의 합성어이다. 저승의 강이며 망각의 물인 'lethe' 강을 건너면 순수한 진실이 나타난다는 의미이다. 다시 말해 아레테이아는 망각과 무지의 강을 건넌 진리, 진실을 뜻하는 말이다. 그런데 우리는 우리 역사 속에서 레테 강에 빠지는 경험을 무수히 하게 된다. 특히 우리는 근현대사에서 망각하고 싶고, 상기하고 싶지 않은 질곡의 역사를 건너왔다. 그것은 우리 전통 정신과 저항의 역사와 피해의 기록들이다.

우리 역사 속 아레테이아는 시대마다 모습을 달리했다. 시대에 따라 아레테이아는 변천한다. 그리고 훼손당한다. 강자는 역사의 주인이 되고 패자는 역사의 한 페이지, 한 줄에 남기도 어렵다.

삼국 통일, 조선 건국, 구한말과 식민지 등 시대 변천에 따라 진실 왜곡은 빈번하였다. 더구나 분단, 좌우 대립과 지역주의 속에서 진실은 묻히고 미망迷妄은 성행했다. 현대사의 굴곡 속에서 대부분의 선각자는 흔적도 없이 사라졌다. 수많은 우여곡절로 자취를 감추었다. 역사의 낱장이 뜯겨 나가고 공백이 생겼다. 그 틈에 서구 사상과 식민 문화가 들어왔다.

초목이 가득한 들판이 외래종에 잠식되면 토종 전통과 문화는 밀려나고 잊혀져 간다. 미망이 성행하게 되고, 왜곡이 자행된다. 그 속에 싹튼 허위와 무지가 시대를 점령하게 된다. 그런 가운데 살기 위한 몸부림은 처절하기만 하고 생존과 무관한 듯이 진리와 진실은 허위와 기만 속에 병들어 가고 있는 중이다.

그 속에서 다시 망각의 강을 건너 진실한 진리를 어떻게 발현할 수 있을 것인가? 대량 생산과 소비의 최첨단 사회에 지배당한 인간에게 망각의 강을 건넌 아레테이아가 필요하다.

*

사람은 행복한 존재인가? 불행한 존재인가? 아니면 행복과 불행 모두 지니고 있는가? 또는 행·불행에 휘둘리지 말아야 할 보다 근원적 존재인가? 기쁠 때도 있고 슬플 때도 있는 사람들의 진정한 본모습은 무엇인가?

여기 길이 있다. 누구나 예외 없이 가야 할 길이다. 인간의 길, 남녀의 길, 부모 자식의 길, 사회 직업인의 길, 혁신의 길…. 우리는 너나 할 것 없이 그 길에서 숨을 쉬며 답을 찾는다. 그 길 위에서 무엇을 건지고 무엇을 지켜야 할지 늘 생각한다. 그리고 진정으로 행복한 길이 되길 바란다.

사람들은 저마다 고유의 목표를 가지고 있다. 고지를 향하여 애쓰며 오르거나 어쩔 수 없이 추락도 한다. 목표를 향한 걸음걸이는 사람마다 보폭이 다르다. 다만 똑바로 걷고자 할 것이고 최단 시간으로 완성하고 성취하길 바란다.

그런데 어느 누가 자신 있게 똑바로 걸었고 갈팡질팡 헤매지 않았다고 할 수 있을까? 성취란 똑바로 걸어서 얻을 수 있는 성질의 것인가? 사람들은 기쁨이 있어 살맛 나고 슬픔이 있어 존재의 의미를 찾는 긍정적인 삶을 살아갈 수 있을 것인가?

*

'인人'은 서로 의지한 형상이다. 사람이 두 개의 다리로 서 있으니 서로 한쪽 다리가 의지하는 모양이다.

'인간人間'은 사람 사이에서 나온 개념이다. 존재는 서로서로의 간격과 유대에서 규명된다. 서로 의지하거나 상호 영향을 주고 받는 사이에서 우리는 삶을 이어 가고 있다.

11

그래서 슬픔, 기쁨은 절대 고독한 순간에는 있을 수 없을 것이다. 사람이 혼자라면 행, 불행은 발생하지 않을 가능성이 크다. 그래서 고독한 절대 신神은 사람들 고락에 함께하기가 어렵다.

"일체유심조一切有心造"(『화엄경』). 모든 것은 마음에 달려 있다고 한다. 마음먹기에 따라서 고락苦樂, 귀천貴賤, 빈부貧富가 정해질 수 있다고 한다. 과연 그럴 수 있을까?

심각한 불평등 속에서 행복하다고 생각할 수 있는가?
굶주린 배를 움켜쥐고도 마음이 평안할 수 있을 것인가?
물질적 풍요가 높아질수록 인간의 가치가 증대되어 갈까?
권력과 명예가 높을수록 인간성이 완성될 수 있는가?

사람들 사이에서 칭찬받거나 비판받는 것에 민감해야 하는가? 아니면 무심해야 하는가? 세간의 평을 아예 외면하고 살아가는 것은 어떤가? 사람들 사이에서 인정받는 인격자들은 무엇을 생각하고 실천하였을까? 또는 사람들과 섞여 살아도 최대한 자유롭게 살 수는 없는 것인가? 가족, 학교, 직장, 삶의 공간에서 벌어지는 모든 순간들에서 자유롭고 자족하여 만족하려면? 물고기는 물속에서 자유롭다. 새들은 하늘을 나는 모습에서 자유롭다. 이들처럼 우리도 자유를 완성하려면 어떻게 해야 하는가?

모든 온오프라인 공간에서 사람들 간에 얽혀 있는 관계의 성질과 추구해야 할 것들이 넘쳐난다. 각 개인의 목표를 성취할 방법들이 무수히 거론된다. 문, 사, 철, 과학 기술이 발달하거나 진퇴를 거듭한다.

그러나 온갖 일들이 생겨나고 문제가 해결된다 해도 여전히 갈증은 계속된다. 목마름은 시원하게 해결되지 않는다. 국가와 사회가 발전하고 있다고 하지만 갈등은 계속되고 상대적 불평등은 개선되지 못하고 있다. 국민이 주인이라는 주권 의식은 발전하고 있지만 불평등과 차별, 양극화는 여전히 심하다.

정치권과 학계, 사회 지도층은 자신들의 입장이나 생각을 강단과 언론을 통해 피력하지만 분분한 의견이 대부분이다. 지식에 의거한 다양한 견해는 많으나 정말로 정의로운 견해인지 알기 어렵다. 진정한 지혜로 국민 행복을 위한 실질적 방안들이 시원하게 합의되고 추진되지 못하고 있다.

무수한 대립과 논쟁으로 생겨난 혼란스러운 상황은 결국은 일반 국민에게 불행한 조건이다. 능동적으로 대처할 조건이 미비하기 때문이다. 그러나 상대적으로 힘을 가진 사회 지도층은 유리한 환경이 지속된다. 그리고 현실을 계속 주도할 수 있는 여건이 보장된다. 상대적 불평등의 심화와 지속은 기득권에겐 안정을, 다수의 국민한테는 굴레이다. 이러한 이율배반적인 작금의 현실은 근본부터 개혁되어야 한다.

*

"군자 무본 본립이도생君子 務本 本立而道生"(『논어』「학이편」). 군자
는 근본에 힘쓰니 근본이 확립되면 도가 발생한다는데 우리의 근본
은 무엇인지, 이 말이 맞는지 알아보고 싶다. 동양 사상의 가장 근본
인 지천명知天命이 무엇인지 무척 궁금하다. 무엇보다 동양인의 철
학과 문화 양식 속에서 해답을 찾았으면 좋겠다.

동양의 유구한 역사 속에 흐르는 정신세계가 전 지구적인 규범과
모범이 되길 희망한다. 동양 정신세계가 지구인의 삶을 풍요롭게 하
는 기초로 작용하길 바란다면 망상일까?

이런 질문에 답하기 위해서 보다 근본적으로 분명하게 확립되어
야 할 것들을 정리하고 싶었다. 그 근본 개혁의 뿌리는 무엇이며 타
당성은 어디에 있는지 밝혀 보고 싶었다. 우리의 자주적인 정신과
문화 속에서 성립한 가치들을 세계 최고라고 입증하고 싶었다. 그러
한 염원을 이 글을 통해 일부라도 제안해 본다. 우리에게 잊혀져 간
아레테이아를 다시금 찾아보고자 한다.

존 롤스John Rawls의 『정의론』에 따르면 "사회 정의의 원칙을 제
일 먼저 적용할 부분은 사회의 기본 구조 속에 있는 거의 불가피한
불평등이라고 기술한다. 또한 정의는 권리와 의무를 할당하고 사회
적 이익을 적절히 배분하는 방식에 관한 기본적 제도의 제1 덕목이
며 정당성을 부여하는 기준이라고 규정한다."

이런 정의의 역할과 성격으로 볼 때 '우리 사회의 중첩되고 고질

적인 문제들을 정의의 이름으로 바로잡을 수 있을 것인가?'라는 질문을 던질 수가 있다.

그래서 존 롤스는 "사회의 기본 구조가 갖는 덕목들, 예를 들어 자유나 평화, 효율성 같은 원칙"들을 설정한다. "그들 간에 충돌과 대립이 있을 경우 각각의 비중을 정하여 조정해 줄 전체적인 관점은 정의관을 뛰어넘는 문제"라고 규정한다. 그것은 "사회의 이상social ideal"이 될 것이라고 피력한다. 이런 관점은 정의의 원칙이 매우 중요한 것이지만 사회 협동체의 목적과 목표를 바라보는 관점의 일부일 뿐이라는 점을 시사하고 있다. 즉, 우리가 추구해야 할 정의가 우리 사회의 최종 목표는 아니라는 의미이다. 그럼 무엇이란 말인가? 동양의 정신세계가 이러한 근본에 더 적합하다고 자신할 수 있는가? 필자는 서양 사상의 정의와 민주주의보다 훨씬 드높은 동양 사상에서 인류의 해답이 있다는 점을 강조하고자 한다.

*

동양 사상이 주창한 사회 공동체의 최종 목표는 만물 다양성의 조화, 상호 인정과 신뢰, 인간 존엄성 존중과 발현 등이다. 다시 말해 도道와 덕德의 확립이다. 이러한 점을 추구하는 논리는 그 사회를 구성하는 고유한 문화와 생활 양식들을 충분히 고려하여 전개되어야 한다. 그래야 사회 협동체 구성원들 간에 기본적 합의를 이루기 쉽다. 그 이유는 기본적으로 서로 상충하는 이견의 발생이 적으며 사회의 이상을 합의하기가 지난하지 않기 때문이다.

이러한 논거를 전제로 필자는 우리의 생각과 문화에 깊숙이 내재한 동양 정신은 메타 리얼리티이며 마하 반야인 중도가 핵심이라고 주장한다. 그러므로 이에 입각하여 다수의 국민으로부터 인정받을 수 있는 소셜 아이디얼로 중도 정신을 추천하고자 이렇게 졸고를 준비했다.

필자는 문사철文史哲을 상식 정도의 수준으로 익혔다. 그리고 유불선儒佛禪을 겨우 수박 겉핥기 식으로 탐구하는 상황이다. 그런데 감히 동양 사상의 심후한 정신세계를 피력한 것은 이유가 있다. 그 이유는 "자기 안에 불성이 있다. 사람은 천명을 담지하고 있다. 생이지지生而知之나 곤이지지困而知之나 다 하나로 귀결된다. 안이행지安而行之나 면강이행지勉强而行之나 다 같은 결론에 이른다. 천 리 길도 한 걸음부터, 높은 산도 낮은 데로부터, 천리마보다 조롱말이 목적지에 이른다"는 권면을 깊이 동감하기 때문이다.

동양 정신의 고귀함은 보통의 가치를 높이고 평범의 위대함을 강조하는 데 있다. 서민과 민중의 삶에 그 따스한 교훈과 시선이 머문다. 교육과 훈육을 통해 보통 사람들을 존중하게 만든다. 그 뜻과 배려가 매우 간단하면서 깊고 넓다. 그래서 만약에 우리가 급변하는 현대사에서 놓친 것이 있다면 그것을 회복하고자 한다. 비유하자면 수박 겉핥기에서 신선하게 잘 익은 속살에 다다르고 싶다는 생각이다.

그러므로 청소년과 어른에 이르기까지 우리 동양 정신을 끊임없이 배우고 익히는 것은 필수라고 생각한다. 삶을 내실 있게 살고자 하는 장삼이사張三李四들은 동양의 정수인 유불학을 마땅히 습득해야 한다. 그것이 대한민국의 제반 문제를 해결하는 근본이기 때문이다. 그런데도 민족 사상의 근간인 전통 정신이 푸대접을 받으며 고사되어 가는 것이 안타까울 뿐이다. 지성을 갈고 닦는 학자와 미래를 짊어질 학인들은 민족 전통 정신과 학문을 모든 지식에 우선해야 할 때라고 생각한다. 어찌 심혈을 기울여 절차탁마 하지 않을 수 있겠는가!

다만 부처님과 공자님, 그리고 다수 선각자의 전언傳言을 잘 헤아리지 못한 소치로 오류 투성이지 않기를 엎드려 바랄 뿐이다. 그리고 공자 왈 맹자 왈 류類의 잔소리로 치부되지 않기를 두 손 모아 빈다. 왜곡이 있다면 모두 필자의 치졸稚拙과 우매愚昧함에서 기인한 것이다. 이 점 독자께서는 혜량하여 주시고 가차 없는 지도 편달을 하여 주시길 앙망한다.

2021년 봄
서한석

1부

길을 나서다

정도正道란?

정도正道는 바른길이란 말이다. 바른길이란 무엇인가? 진실하고 선善을 행하는 정의로운 쪽에 익숙한 말이다. 어떤 것이 선하고 진실한지는 기준이 있겠지만 올바른 것이어야 한다는 점은 드러나 있다. 그러나 올바른 것이 무엇인지 정도란 말 자체에서 찾을 수는 없다. 그래서 애매한 말이다. 가족을 먹여 살리려고 남의 물건을 훔친다면 반쪽짜리 정도인가?

우리는 어떤 결정을 하고자 할 때 실익을 계산하고 효과를 감안하여 실행한다. 정책적 결정이다. 정치적 판단도 예외는 없다. 모든 판단과 결정을 하기 위해선 저울질을 한다. 가치와 의미를 판단하고 과정을 살펴서 이익이 되거나 해결책이면 실천하게 된다.

예를 들면 원전의 경우 마찬가지이다. 먼저 경제적, 실용적 가치로 채택하였다. 그런데 러시아 체르노빌이나 일본 후쿠시마처럼 재앙이 되면 비로소 바른길을 가지 않은 것이라고 평가한다. 처음에는 바른길이라 판단해서 실행했는데 나중에 잘못된 상황이 된다. 그러므로 원전이 실용성과 안전이라는 두 가지 요소를 장점으로 내세웠으면 둘 다 끝까지 책임을 져야 한다. 한 면만 부각하면 반대편이나 다른 면은 소홀하게 된다. 안전만 강조하다 실용적이지 않으면 안 된다. 역도 마찬가지이다. 이와 같이 처음부터 바른길이란 없다. 과정과 결과가 바르지 않으면 안 된다.

사실 바른길이란 과정을 나타내는 개념이다. 처음과 끝이 올바른 것이어야 하기 때문이다. 그래서 처음부터 내가 옳다고, 바르다고 한다면 그 말에 책임을 져야 한다. 결과를 바르게 가져가야 한다. 끝까지 바른길이란 상대편, 다른 쪽, 다른 면, 이모저모 여러 측면을 소홀하게 안 한다는 뜻이다. 바로 여러 경우를 고려하고 융합한 길이다. 그러므로 한쪽으로 기울어진 노선은 바른길이 아니다. 기찻길이 나란히 있어야 목적지에 도착하는 것과 같다.

그래서 과정 전체가 올바른 것이 되려면 핵심은 치우치지 말아야 한다는 것이다. 한 측면을 강조한다든지 결과만을 생각한다든지 하면 바르지 못할 확률이 높다. 『중용』에서는 이를 다음과 같이 표현하고 있다.

"불의일편不倚一偏하면 가행可行할 수 있다."(『중용』) 한쪽 편으로 기울어지지 않으면 올바르게 행동할 수 있다는 뜻으로 풀이된다. 이를 기준으로 정도正道가 어떤 것인지 실마리를 풀어가 본다.

세상은 내가 정도正道라고 외친다고 인정하지 않는다. 그리고 내가 올바르다고 소리친들 '아닐걸' 하고 의심한다. 꾸준히 바른길을 간걸 확인하고 입증해야 한다. 오히려 정도가 아니라는 비판에 귀를 기울이고 소홀하지 않아야 바른길로 갈 가능성이 크다. 따라서 바른

길은 실체를, 진실을 말하는 것이 아니라 태도의 문제라고 볼 수 있다. 다른 쪽을 홀대하지 않겠다는 의지를 표명하는 선언이다. 진보 노선이나 보수 노선을 고수하며 변함없이 일관된 주장만 하면 잘못된다는 점도 바로 이 때문이다.

그렇다면 정도正道를 보완할 바른길의 실체를 담은 표현이 없을까? 정도라는 선언에 가려진 핵심 요체는 무엇일까?

필자가 살펴본 바로는 다음과 같다.

동양 고전에서 무수히 거론되지만 한 예로 『논어』「학이편」 정자程子의 해설을 참고한다면 "엄하면서도 태연하고 화하면서도 절제하는 이치의 자연함嚴而泰 和而節 此理之自然"으로 표현할 수 있다. 내외의 잣대가 엄격하지만 광범하게 크고 만물을 생육하기에 조화롭지만 처음과 끝에 절도가 있는 자연과 같은 이치여야 한다는 말이다.

"과유불급過猶不及"(『논어』「선진편」)하다고 한다. 지나친 것은 부족한 것과 같다는 뜻으로 조화롭지 않은 상태이다. 우리 인생사는 빈번하게 넘치거나 부족한 상태이다. 경제적으로나 욕망으로나 언제나 과유불급이다. 적절하게 조절하기가 쉽지 않다. 화합하지 않으면 불편하기 때문에 오죽하면 부족함과 다를 것이 없다고 했을까. 조화로운 길을 개척하기가 어렵다는 것을 안다면 한쪽에 치우쳐 오류를 범할 가능성은 적어진다.

카리스마란 말이 흔하게 회자된다. 계획의 추진이 더디거나 지지부진하여 시간이 많이 걸리고 결집력 등 집중이 안 될 때 카리스마

리더십을 쉽사리 떠올린다. 힘 있는 리더가 조직을 먹여 살리고 풍요롭게 한다는 것은 분명하다. 그러나 카리스마가 과연 올바른 길을 찾는 데 필수적인 것인지? 혹 저해 요인은 아닌지 여러 가지 카리스마가 생각나는 상황에다가 정도正道를 오버랩해 보고자 한다.

　회사 생활을 예로 들어보자. 직장 상사가 무조건 불도저 같은 추진력과 집행 능력을 강조한다면 피곤해진다. 그렇다고 부서 안팎으로 조화로운 관계만 강조해도 성에 차지 않는 법이다. 직장 상사나 간부 임원들에게 중요한 덕목으로서 추진력과 조정 능력이 겸비될수록 좋다. 서로 필요한 능력이다. 다만 추진력은 조정 능력, 조화로운 힘이 있어야 더욱 빛을 발할 것이다.

　한편 어떤 이는 열정을 주체하지 못하거나 성격이 불같아서 독불장군식 행동을 한다. 자신이 적극적임을 상대방에게 과시한다. 남보다 열정적이어야 일이 된다고 확신하기 때문에 밤새워 일한다. 그러나 대부분 장기적으로 지속되기는 힘들다. 남들이 도와주지 않는다고 불평하지 않으면 다행이다. 적극성을 다 같이 함께하는 데 활용하는 것이 아니라 독주하는 데 쓴다면 문제가 야기된다.

　이런 류類의 사람들은 카리스마를 좋아하고 독선에 빠져들 가능성이 더 많다. 민주화가 덜 되었다고 할 수 있다. 과도하게 치우치는 말과 행동에는 과시욕과 우월감과 불균형적인 사심私心이 내재한다. 함께해야 할 민주적 공동체에 저해 요인이다. 그런데도 여전히 본인의 개성이니 어쩔 수 없는 게 아니냐며 고집스럽게 독단적 행동과 결정을 유지한다. 직장과 조직의 리더가 이런 사람이면 결과는 낭패

스런 경우가 대부분이다. 사람은 화끈할지 몰라도 조직에서는 피곤한 타입이다. 따라서 편중되거나 일방성이 강하면 정도正道가 아니다.

정正이란 바르지 못한 것을 바로잡는다는 것인데 그 자체로는 부족하다. 정正 안에 덕德과 의義가 있어야 비로소 올바르다란 뜻이 성립한다. 정正은 덕이 있어야 순리가 되어 천하 운행에 의義로운 핵심 가치가 된다. 덕과 의가 흐르는 사회는 동動하지 않아도 교화되고, 말하지 않아도 믿고, 하는 일이 없어 보여도 하고자 하는 바가 이루어진다.

덕德이란 사람들의 마음을 얻는 것인데 이는 신信을 받고 성誠을 다해야 가능하다. 그러려면 만물을 조화롭게 치우치지 않게 대하는 태도가 필요하다. 이를 일컬어 중中이라 할 수 있다.

우리는 흔한 말인 중中을 잘 이해할 필요가 있다. 중中에 심心이 붙으면 충忠이 된다. 이를 통해 중中의 의미를 조금 더 이해할 수 있다. 중中은 마음을 다하여 변치 않고 정성을 쏟는다는 것이다. 즉 중中은 모든 하는 일에 대한 기본 태도이다.

예를 들어 남녀의 사랑을 보자. 보통 처음에는 서로 탐색을 한다. 이 시기에는 이성과 감성이 나름의 균형감을 가지고 있다. 저 사람과 사랑을 해도 될 것인가를 저울질한다. 이모저모를 따지면서 조화롭게 생각을 한다. 이 상태는 서로에 대한 상처나 아쉬움이 없다. 다만 탐색을 할 뿐이다. 그러다가 사랑에 빠져들면 눈에 콩깍지가 쓰이고 열망이 생기게 된다. 평소 눈꼴시인 행위도 별 문제가 되질 않는다. 괜히 웃음이 나오고 좋게만 느껴진다.

한편 갖고 싶은 소유욕이 증대된다. 그러다가 다툼이 벌어지거나 상처가 생긴다. 서로가 더 사랑받기를 원하기 때문이다. 내가 너를 사랑한다는 것에 만족하는 것이 아니라, 네가 나를 더 사랑해 주기를 바란다.

그러므로 사랑이 삐뚤어지지 않으려면 그 안에 바름正이 있어야 한다. 사랑은 내 마음에 있다. 상대에게 받는 것이 아니라 내 안에 있다는 것을 안다면, 다툼이 있거나 상처받는 일은 적어진다. 사랑은 다툼이나 상처가 있어야 아름다운 추억으로 기억에 남을 수도 있다. 그러나 그것은 사랑하는 마음 안에 중中을 두기가 어려워서 생기는 현상이다. 그 사랑이 오래도록 뜨거우려면 사랑하는 마음에 중中을 가지고 있어야 한다.

뜨거운 불 같은 사랑을 해 보고 싶은 사람들이 많을 것이다. 그러면서도 오랫동안 불이 피어 있기를 바란다. 그러나 영원한 에너지원은 없다. 중中을 지키면 냄비 같은 사랑이 아니라 모닥불 같은 사랑이 가능하다. 사랑하는 사람들과 서로 조절하면서 사랑을 조화롭게 꾸며나가고 키워나갈 수 있기 때문이다.

사랑이 지나치면 쉽게 식을 가능성이 큰 것도 중中을 지키지 못한 연유이다. 우리 사람들이 완전하기는 어렵다. 사람들이 서로 사랑을 할 때 아픈 상처는 중中이 있기 때문에 치유되고 쉽게 아물기도 한다. 중中을 확고하게 지킨다면 사랑은 더욱 견실하고 아름다울거라고 생각한다.

이처럼 열정과 냉정 사이를 오가는 법을 깨우친다면 얼마나 자유로울까? 고통을 고통으로만 느끼지 않고 즐거움을 단지 즐거움만으로 치부하지 않는다면 일에서나 사랑에서나 삶은 흥미로운 여정이다.

독일의 국민 시인 괴테는 『파우스트』에서 갈구한다. 만물을 골고루 성스럽게 하는 아름다운 화음을 어떻게 이룰지가 항상 궁금하였다. 그리고 자신을 향해 치열하게 질문한다. 그 갈망을 해소하는 생명수는 "가슴속에서 솟아 나와 다시 온 세계를 가슴속으로 이끄는 조화의 힘"이라는 결론을 얻었다. 치우치지 않고 조화로운 자연을 닮은 지고한 힘, 그 효능은 생기를 불어넣고 약동하게 하는 생명수와 같은 작용을 한다. 자연의 이치, 즉 사물의 당연한 이치를 따른 길이 정도正道이듯이 스스로를 옳다고 고집하지 않고 조화롭게 구도하는 자세가 바른길이다.

『중용』 1장에 "사람의 희노애락이 발현되지 않은 상태는 중中이다. 사람의 희노애락이 상황과 시의적절하게 나온 상태가 화和 喜怒哀樂之未發 謂之中, 發而皆中節 謂之和"라고 말하고 있다. 이를 주희가 "희노애락이 정情이요 미발인 상태가 성性이며 이는 어디에도 치우치지 않음으로 중中이라 한다. 그래서 정情의 정正이 화和인 바 세상의 이理와 도道가 구비되어 있는 대본大本인 것이다"라고 해석한다. 이는 뒤에 설명되는 것이지만 『예기』「제통편」에 "현자가 제사지낼 때 성신과 충경을 다한다賢者之祭也, 致基誠信與基忠敬"는 성誠과 충忠, 그리고 『중용』 20장에 나오는 성誠과 그 맥락을 같이한다. 즉 우주라는 세계의 가장 궁극의 개념이며 생명의 본원에 대한 모든 것을 담은 의미가 바탕에 깔려 있다. 이렇게 사람의 감정에 대한 해석에 있어서도 근본적인 관점이 구비되어 있다면 더할 나위가 없다.

이와 같은 치우치지 않은 중정中正이 과정에 있어야 원만한 관계가 형성되고 세상은 평안해질 가능성이 커진다. 사회 구성원으로서 만족스럽고 마음과 영혼은 즐겁고 자유롭다. 인간 모두의 자부심은 커진다.

지금까지 정도正道를 가고 있다는 말이 진정 바른 것이기 위해서는 치우침이 없어야 한다는 점을 강조하였다.

정도正道를 분명히 하기 위해 공자 말씀을 하나 더 인용한다.

공자는 그 철학의 중심에 주周나라의 관습과 문화 예절을 노래한 『시경詩經』이 있었다. 그 시절의 사회와 문화를 노래한 『시경』을 한 마디 말로 사무사思無邪라고 요약하였다. 공자가 그토록 강조한 인의예지신仁義禮智信을 갖춘 주나라의 문화를 사특한 욕심이 없는 것이라고 한마디로 명제한다. 그러면서 좋은 것은 사람들을 분발케 하고 나쁜 것은 사람들이 온당치 못하여 일어나는 것임을 경계하고 징계하는 것이 사무사思無邪라고 말하고 있다. 이를 후대의 성리학자들은 성性이라 말한다.

앞에서 필자는 정도正道란 중中, 정正이 체화되어야 한다는 점을 설명하였다. 그리고 또 하나 덧붙이면 무사無邪한 성性의 본질을 따라야 함을 강조하려 한다.

우리는 극히 개인적인 범주에서 생활하고 삶을 영위한다. 자기 자신이란 존재의 가치를 분명히 하면서 사는 것이 개성을 갖춘 쿨(cool)한 삶이라고 인식한다.

이런 점은 공자의 말씀과 충돌한다. 공자는 사私보다 공公을 강조하고 개성보다 예의를 중시한 것으로 알려져 있기 때문이다. 그러나 개인적인 생각을 하지 않는 것은 현실적이지 못한 것이기도 하다. 개인주의는 시대의 경향이며 혼밥, 혼술에 핵가족화는 우리의 자화상이 되어 있다.

그러므로 공자 시대의 사회상과 오늘날의 사회상은 너무 다르다. 춘추 전국 시대라는 무력이 난무하고 인권이 유린되는 시대에는 정도正道란 공공公共의 이익을 발현하고 민民을 보호하는 길이었다. 강자들의 사私는 곧 사邪였고 이를 버려야만 민民이 살아남는 시대였다. 살육이 멈추려면 강자들의 사적私的 욕심이 없어져야 하는 시대였다. 이런 의미에서 공자는 사私를 버려야 했고 지배층은 모범을 보여야 했을 것으로 짐작된다.

현대의 민주주의는 공자의 걱정을 덜어준다. 지배층이 좀 개인적이고 사사邪私를 부려도 곧장 국민한테 피해를 주진 않는다. 오히려 제도가 국민을 보호하는 쪽으로 작동을 한다. 민주주의의 발달은 국민에게는 사私를 앞세우거나 개인주의를 표방해도 좋다는 신호를 보내고 있다. 반면 사회 지도층에게는 공공의 이익을 추구해야 하고 무사無私한 양심을 지키는 높은 기준을 요구하는 수준에 이르렀다.

물론 아직도 반민주적인 요소들이 잔존하기 때문에 여전히 공자의 말씀이 적용되는 권력층도 존재한다. 독재자나 패권주의가 여전히 통용되는 국가에서 찾아볼 수 있는 사회상이기도 하다. 그리고 민주제를 도입한 나라에서도 지배층의 전횡이나 사적 이익의 폭력적 추구가 은밀히 자행되기도 한다.

자본주의가 늘 주창하는 경쟁과 이익의 추구에는 유착이 있기 마련이고 밀약과 돈거래가 자행된다. 권력과 자본이 손을 잡고 끼리끼리 사회를 주도하면서 이익을 추구한다. 바야흐로 자본 우위의 시대이며 경제적 이익에 대적할 가치를 찾아보기 힘든 현실이다. 이런 가운데 각각의 사람들은 개인적인 행복을 추구하고 있으며, 소수의 사람들이 공익을 외치는 것이 정형화된 사회가 작금의 현대 사회이다.

공자의 말씀은 춘추 전국 시대 사회 지배층이 들으라고 한 말씀이다. 그 시대의 주인은 권력층이었기 때문이다. 공자의 전언을 현대의 민民에게 한 말씀으로 치환한다면 어떤 관점이 올바른 것일까?

2,500년 전의 민民과 지금의 민民은 너무나 현격한 차이가 있다. 교육, 문화 수준에서는 무어라 말할 수 없지만 수명, 건강, 복지, 과학, 자유라는, 사회가 발달하여 보장한 제도하에서의 수준은 현재가 비교할 수 없이 높다. 물론 지금이 그때보다 행복하다고 단언할 순 없다. 이 때문에 2,500년 전의 말과 지금의 말은 시대적 배경이 달라서 재해석할 수밖에 없다. 지금은 민民이 주인인 시대이기 때문이다.

과거에는 극히 소수의 지배층만이 사람답게 살았다. 99% 이상의 백성[民]은 헐벗고 굶주렸다. 그런 이유로 공자의 사무사思無邪는 이들 극소수의 지배층에 초점이 맞춰져 있었다. 그러나 현대에 와서 사무사思無邪는 시대의 주인인 광범위한 중산층을 향한 가르침으로 재해석할 수 있다. 극한 개인성을 지양하고 경쟁 사회의 단점을 보완하라는 명언으로 치환할 필요가 있다. 현대를 유지하고 지탱하는 중산층 서민들의 생각에 사특함이 적을 때 사회는 희망적인 것이며 보다 건전하다. 중산층이 정도正道가 되기 위해서 사회 약자에 대한 배려와 무사無邪한 생각을 해야 한다. 이것이 현재의 관점으로 볼 때 국민 대다수에게 적용할 수 있는 정도正道의 내용이라고 생각한다.

진정한 변화는 정도正道를 하려는 마음가짐에서 비롯된다.

"내가 정도이다", "정도를 실천하겠다"라고 말한다면 타인들이 인정해 주길 원해서이다. 인정받고 싶지 않은데 내가 정도라고 스스로 높이는 자가당착을 할 필요는 없을 터이다. 앞에서 언급한 것처럼 타인에게 인정받으려면 정도라고 말한다고 되는 건 아닐 것이다. 오랜 기간 실천하는 걸 보고 올바른지 평가한 후에 바른지 그른지 알 수가 있다. 그래서 정도는 내가 옳다는 뜻보다는 길을 바로잡겠다는 의지와 정책적 용어로 쓰이는 것이 옳다.

길을 바르게 하겠다는 뜻은 잘 살도록 노력해 보겠다, 길을 잘 닦아 나와 남이 편안하게 다닐 수 있게 하겠다, 동구 밖, 집 밖의 길을 청소하는 심정을 담은 말이다. 그런데 요즘은 정도란 무엇이든지 옳은 것, 최선의 것이란 의미로 잘못 사용되고 있는 것 같다. 올바른 길이란 무엇인가? 정도가 말 그대로 옳은 것이 되려면 길 속에서 답을 찾고 사장된 진실을 되찾는 아레테이아(진리, 진정)여야 한다.

특히 정치하는 사람들이 말하는 정도正道는 내가 옳다는 자기주장, 자기 도취에 버금가는 도구로 전락하기 십상이다. 그야말로 정도를 더럽히는 순간이다. 아니면 바른길이란 것이 무엇인지 알고자 반복해서 말하는 앵무새 닮기이다. 내가 옳다는 생각에는 소위 겸허

함이라든지 자신을 성찰하는 바른 생각이 있을지 의문이 든다. 더구나 공자가 강조한 친인親仁한 락樂의 세계에 필요한 애중愛衆하는 마음이 있을까? 나를 알아주지 않더라도 내가 남을 알아주지 못함을 걱정하는 예禮와 무사無邪의 세계를 헤아리고 있는 것일까?

이처럼 마구잡이식 정도를 외치고 써먹는 시대에 정도正道는 갈 길을 잃어버리고 고갈되어 가고 있다.

더구나 현대 IT기술이 이룬 복잡하고 혼란한 정보의 바다, 지식 홍수 시대에 정도正道란 무엇인가? 현대인들은 피곤하다. 특히 젊은 세대들은 많은 양의 정보와 지식을 습득해야 하는 환경에서 곤란을 겪고 있다. 불과 2~30년 전만 해도 눈이 핑핑 돌 지경은 아니었다. 아날로그 환경에서는 적어도 전통과 문화가 숨을 쉴 수는 있었고 사람들 간에, 공동체 안에 당연지리當然之理가 있었다.

과학 문명의 발달 중 정보 과학 기술의 급격한 발전은 디지털 문화와 나노 문화의 보급 물살을 빠르고 거세게 했다. 젊은 세대는 이런 흐름에 빠지거나 뒤쫓아 가야 하기 때문에 더 혼란스럽다. 4차 산업 혁명의 소용돌이 속에서 일자리와 생활의 결합이 삐그덕거린다. 혼이 빠진 상황은 젊은이들을 결혼도 늦고 자립도 더디게 만들었다. 전통과 문화가 퇴색하고 신자유주의니 포퓰리즘이니 하는 문화적 방편주의가 세태를 잠식하게 된다. 전통과 문화라는 철학과 삶의 기본이 물렁해지고 뿌리가 흔들거려 사람들이 불안에 떨고 있다. 공자는 나이 30이면 이립而立이니 스스로 뜻이 확고하여 좌고우면 하지 않을 것이라고 했다. 하지만 이런 가르침이 통할 수 없는 시대가 되었다.

이러한 흐름에 맞서서 거센 저항을 하는 것이 무의미할지 모른다. 큰비에 홍수가 나고 둑이 터지는 상황이다. 삶의 본류와 기반이 위험할 지경이다. 때문에 여기에서 강조하는 정도正道는 이런 상황을 바로잡고 흐름이 방편에 머물지 않도록 하려는 것이다. 전통과 문화와 철학과 삶의 뿌리를 튼튼하게 하는 기본 시각을 확립하는 모형이란 의미 부여를 하고자 한다.

불교에 팔정도八正道란 교리가 있다. 부처가 살아 생전에 직접 설하신 것으로 전해지는 불교의 원형 그대로의 가르침이다. '여덟 부분으로 이루어진 성스런 도'란 뜻인 팔정도는 정견, 정사유, 정어, 정업, 정명, 정정진, 정념, 정정으로 이루어져 있다. 바른 견해로부터 바른 마음, 정신의 균형을 이루는 상태까지 정正이란 어떠해야 하는지를 순서대로 하나하나의 의미를 담고 있다.

팔정도는 부처가 극한의 고행을 함께한 5명의 수행자들에게 최초로 전해준 설법 중 하나이기도 하다. 5명의 수행자들은 극한의 고행만이 도를 이루는 최고의 방법이라는 철칙을 세워서 수행한 사람들이다. 부처도 깨달음의 과정으로 6년간 이들과 극한의 고행을 닦아 나갔다. 우리가 사진으로 자주 볼 수 있는 뼈만 앙상하게 남은 미이라 같은 모양의 고행상이 그것이다. 하지만 부처는 이러한 극한의 고행으로도 그렇게 다다르고자 하였던 진리를 발견할 수 없다는 사실을 알게 된다.

극한의 고행이란 방식으로도 온전한 깨우침에 이르지 못한다는 생각을 한 것이다. 한쪽으로 치우친 극한의 고행으로는 바른길을 이룰 수 없는 방식이며 집착임을 터득한다.

부처가 수행 중에 진리를 찾아가는 길로서 택한 극한 수행 방식은 한쪽으로 치우친 편견이었다. 부처는 과감히 자신의 오류를 인정하고 수행 방식을 달리한다. 그 후 불과 4주 만에 불교의 핵심 진리인 중도中道 연기緣起 사상을 완성한다.

즉, 부처는 한쪽으로 치우치지 않은 자세를 확립하여 핵심 진리를 발견하고 사상 체계를 세운다. 그리고 당장의 깨달음을 5명의 수행자들에게 전파하면서 극단에 치우치지 않은 수행 방법으로 팔정도를 가르쳐 주게 된다. 부처의 깨달음은 당시 인도의 중요한 2가지 사상을 오랜 기간 모두 경험하고 집대성한 결과였다.

그때는 범신 사상에 따라 명상을 통해 정신 수양을 하여 도道에 이르려는 방법이 있었다. 그리고 육체를 괴롭혀서 정신의 성취를 이루려는 고행 방법이 있었다. 이 두 가지가 부처 생전의 인도 사상계와 정신세계를 주름잡고 있었다. 부처는 출가 이후, 이 두 가지 방법을 모두 배우고 익혔으며 각각의 정신세계의 최고조에 이른다. 그러함에도 불구하고 인간의 생로병사, 행복과 불행, 모든 존재들의 근본적 가치와 뿌리에 대한 확고한 앎이란 진리에 도달하지 못한다. 이에 부처는 보리수 아래서 어느 한쪽에 치우쳐서는 진리에 도달할 수 없다는 깨우침을 문득 독창적으로 발견하게 되었다.

간략히 살펴보았듯이 부처 이전의 모든 인도 사람들이 찾고자 하

부처 고행상

였던 우주 만물의 근본 원리를 부처가 처음 발견하여 풀어준 사상이 중도연기中道緣起 사상이다. 불교에서도 치우침 없는 바른길이 진리의 기준임을 천명하는 순간이기도 하다.

불교의 가르침에서 중도연기는 결국 양변에 집착하지 않으며 그 중간에도 집착하지 않는 원융통합의 순환하는 자연의 도리道里라고 설명한다. 이는 공자의 천명天命이나 우주 만물에 당연히 내재된 원리라는 철학과 상통한다. 필자가 보건데 유교와 불교의 공통점 중에서 두드러진 사항이다. 즉 중도연기와 천명은 우주의 당연한 이치이자 마땅한 도리이다. 이를 깨달으면 불교에선 해탈한 부처요, 유교에선 공자가 그토록 침이 마르도록 강조한 성인군자를 뜻한다.

우리 동양의 유교儒敎 사상은 치우침이 없는 정도를 걷고자 끊임없이 천명天命을 생각한다. 앞에서 언급한 사무사思無邪한 성性이기도 하다. 인간의 가치를 생각하고 인간을 존중하며 의당 인간으로서 해야 할 바를 과감한 상상력과 끊임없는 수신으로 터득했다. 그리하여 인류의 지향할 바를 정립했으며 평화로운 지구적 삶의 모범을 제시했다. 더 이상 어떤 교조나 근본주의에 치우쳐 있는 사상이 넘볼 수 없고 훼손할 수 없는 최고의 사상이며 행동 철학이다.

또한 치우침이 없다는 것은 이론에 얽매이거나 원리 원칙에 매몰되지 않는다. 소위 교조주의나 근본주의가 가지고 있는 경직성과 배타성을 위험한 편 가르기로 여긴다. 편 가르기의 속성은 자생살타自生殺他인 극한 경쟁이다.

이러한 근본적인 의미를 생각해 보면 이 땅 위에 왜 다툼과 분쟁이 끊임없는지 알게 된다. 편중된 생각과 내가 옳다는 편견이 많은 불상사를 낳는다. 지구촌 뉴스에서 모든 참사는 이러한 양변에 빠져서 있다·없다有無, 나다·너다, 좌익·우익左右이라는 치우침에서 기인한다.

공자는 "온고이지신 가이위사溫故而知新 可以爲師"(『논어』「위정편」)라며 옛것의 소중함을 강조하고 새로운 발전을 위한 자연적인 흐름의 중요성을 역설하였다. 여기서 더 나아가 그 조화로움이 스승이 될 수 있다고 하였으니, 이는 정도를 추구하는 바른 역사관을 심어준다.

불교에서도 부처가 깨달음을 득한 것은 무에서 유를 창조한 것이 아니라, 우주의 원리인 중도연기라는 진리를 발견한 것이라고 말한다. 우주에 존재하는 모든 것들에 예외없이 적용되는 조화의 원리를 먼저 발견한 것뿐이었다. 공자가 옛것과 새것의 조합이 스승이다는 것과 부처의 모든 것은 서로 연관되어 있다는 깨달음은 일맥상통한다.

정도正道가 무엇인가를 헤아려 보면 왜 유불儒佛이 동양 문화 속에서 어떻게 유사한지 이유를 알 수 있다. 이 점을 보다 분명히 하는 것이 이 글의 목적이기도 하다.

정도는 진리 그 자체는 아니고 진리를 체현하는 바른길이란 뜻이라고 앞에서 말했다. 진리에 들어서는 길이자 책으로 말하자면 안내서이다. 이를 불교의 정견正見으로 대치해 보아도 별로 다르지 않은 것 같다. 정견은 유무有無나 좌우左右에 의지하지 않고 중中에도 의지하거나 집착하지 않는 명백한 자각이다. 바르게 보기 위해선 바른 마음이 있어야 한다. 진리를 추구하려는 마음가짐이 있어야 한다. 이렇듯 유불의 정도正道, 정견正見은 매우 유사해서 진리를 확립하는 방법론으로서 공통성이 있다.

"의심하지 아니하고 미혹하지 아니하며 다른 것에 의지하지 아니하는 것을 정견이라 한다."(성철 스님 백일법문)

공자는 "정도를 아는 군자는 주이불비周易不比"라 하였다.(『논어』 「위정편」) 주周는 보편이요 비比는 편당이요 치우침이다. 불교의 정견正見은 어느 한쪽으로 치우친 극단과 중간에도 머무르지 않는 자각인 바, 공자의 편당하지 않는 군자의 덕목과 상통하며 유사하다.

우리가 살고 있는 사회는 이런저런 일로 모이고 흩어져서 생활하는 공간이다. 모이고 흩어짐에는 정도가 있는데 이를 공사公私로 구분할 수 있다. 사회 구성에 있어 보다 명분이 있는 쪽에 무게 중심이 놓여진다. 사익보다는 공익이 있어야 떳떳하다. 이런 관습도 역시 공자의 군자 덕목에 해당한다. 우리가 사는 삶의 올바른 형태이다. 편벽되어 한쪽으로 치우침은 공公보다는 사견邪見이 원인이다.

정도와 정견의 가르침은 우리가 살고 있는 현실 세계 속에서 올바른 삶의 방법론이자 잣대이다. 이를 어겨서 극단에 빠지거나 치우치고 매몰된다면 다툼이 일어나서 평화가 깨지게 된다. 서로 간에 반목이 생겨나고 심한 각축전이 벌어지면서 삶이 고달파진다. 힘 있는 세력이 되고자 권력을 지향하고 기득권을 만들어 재화를 장악한다. 이에 사회적 약자가 양산되며 양극화 사회가 고착된다. 사회와 자연의 재화와 산물이 편중되어 불평등과 소외를 낳는다. 인간 역시 생물이기에 적자생존할 수밖에 없는 것이라며, 경쟁에서 이기는 것이 자연적인 것이라며 경쟁 사회를 당연시한다. 그러나 그 속에는 경쟁의 과실을 독점하려는 내재된 집착과 탐욕이 자리를 잡고 있다.

바른 경쟁 사회가 되려면 페어플레이 정신이 있어야 한다. 출발선이 같아야 하고 기득권 없이 시작해야 한다. 그리고 이기더라도 패배한 쪽에 박수를 보내고 수고했다고 위로할 수 있어야 한다. 승자독식이 아니라 나눔이 일상화되어야 순기능적인 경쟁을 유도할 수 있다. 작금의 현실은 패자가 죽어나는 악순환의 연속이다. 그래도 민주주의와 인권이 발달되어 약육강식의 정글 법칙이 인간 사회에 그대로 적용되는 것을 피해간 것이 다행이다. 이긴 자와 진 자, 힘 있는 쪽과 없는 쪽 공히 정도, 정견에 힘쓴다면 우리가 살고 있는 이 땅이 정토요 천국이 될 수 있다. 사회적 강자는 베품과 나눔의 미덕으로 감동을 줄 것이며, 사회적 약자는 안빈낙도安貧樂道의 자유를 누릴 수 있다.

이렇듯 정도와 정견은 우리 사회를 평화적으로 실질적으로 살 만한 사회를 만드는 방편이자 안내서이다. 민주주의와 생명을 건강하게 하고 지속 가능하게 하는 성찰과 실천의 덕목이다.

인간이 살 만한 사회는 각자 삶의 목표를 실현할 기회가 충분히 마련된 사회이다. 경쟁 사회라 하더라도 평등한 조건에서 실력을 겨루는 것이 보장된 사회이다. 스포츠의 체급 경기와 같은 조건하에서 기록을 재는 것과 마찬가지이다. 정도를 벗어나면 경쟁 사회의 룰은 왜곡되어 사회적 강자에게 유리해진다. 정견이 흐려지면 사익邪益에

공자

치우쳐 눈이 멀고 악순환이 경쟁적으로 지속된다. 정도와 정견이 망실亡失되면 불평등이 양산되어 소위 정의로운 사회가 될 수 없다.

얼마 전 정의란 말이 책을 통해서 세간에 회자되었다. 과거에도 정의로운 사회 구현이란 구호가 있었다. 사회 정화란 기치하에 도적, 폭력배, 사회 불만자, 혹세무민하는 자, 유언비어 유포자 들을 색출하여 격리시켰던 때도 있었다. 불평등과 소외를 더욱 축소하려는 정도正道적 개념임에도 불구하고 시대와 환경에 따라 왜곡된 사례이다.

이러한 정의(Justice)를 공리주의와 계몽주의의 한계를 보완 발전시킨 철학으로 설명할 수 있다. 서양의 공리주의와 계몽주의는 민주 발전에 기여한 사상 철학이다. 하지만 언제나 그렇듯이 불완전한 결함이 있다. 공리와 계몽의 객체인 인간의 비주성非主性, 공리와 계몽의 대상으로 떨어진 인간의 가치, 공리와 계몽을 주관하는 강자에 대한 제어 장치의 부족 등이 그것이다.

공리주의는 다수의 이익을 위해 소수의 이익이 침해되거나 희생되는 불평등이 상존한다. 그러나 사회 유지 수단의 유효성으로 인해 다수가 선택한 개념이다. 즉 모두의 정의가 아니라 다수와 그 속의 강자에게 해당되는 정의라 할 수 있다. 그렇기 때문에 진정 공리公利란 개념이 정의롭다고 할 수는 없다. 역시 정의란 개념도 정도를 벗어나면 정의가 아닌 셈이다. 다수를 위하면서 소수의 희생이 생긴다면 이는 치우침이며 집착하여 변견邊見에 사로잡히는 것이다. 정견이 아니며 정도가 아니게 된다.

정의란 개념이 서양 사상에 뿌리를 둔 것이지만 과연 유불儒佛에서 다루지 않은 것인가? 그렇지는 않은 것 같다. 권선징악이 정의를 대표하는 말이기 때문이다. 선을 권장함은 개인과 사회를 바로 세우는 길이기 때문에 "불명호선不明乎善 위불능찰어인심천명지본연謂不能察於人心天命之本然"(『중용』) "선이 밝지 않음은 소위 인심과 천명의 본질을 살펴 알지 못한 상태다"라고 한다. 동시에 선善이란 일반 사람들이 애를 써서 성실하고자 고집할 때 이루어진다고 한다. "즉필택선연후則必擇善然後 가이명선可以明善"(『중용』)이라고 길을 제시하고 있다.

정의로운 사회 구현이란 왜곡된 구호가 난무할 때, 민주화 운동권에선 정의와 용기는 젊음의 생명이라고 노래했다. 민주화 운동 시절의 정의는 군사 독재에 대한 항거 정신이었고 운동권의 명분이었다. 악을 벌하고 선을 권장하는 당연한 정신 자세였다.

마땅하고 당연한 정신세계를 동양에선 천명天命 내지 도리道理라 한다. 인간이 갖추어야 할 덕목인 천명과 도리는 성인과 군자가 완성한다고 한다. 사람이 갖고 있는 천성과 마음의 도리를 유학에서는 인의예지신 또는 측은지심, 시비지심, 사양지심, 수오지심이라고 가르쳐 주고 있다.

정의란 실제로 마땅한 도道의 요소요 당연한 이치라고 하면서 정자程子는 '득의 인심복得義 人心服'이라고 하였다. 의義를 갖추면 사람들이 인정한다고 한다. 사람들이 인정하면 천天을 움직이는 것이어서 성인과 군자의 덕목을 갖추어 가게 된다. 이렇듯 정의란 마땅하고 당연한 도리로서 사람 속에 내재된 천성이며 본심에 해당한다.

불교에서도 육바라밀이라 하여 보시, 지계, 인욕, 정진, 선정, 지혜의 덕목을 강조하고 있다. 바라밀이란 말 자체가 생사의 고해를 넘어 이상 세계로 나아간다는 뜻이다. 이상 세계는 행복하고 평화로운 세계를 구현하는 올바른 활동을 할 때 가능성이 있다. 이를테면 사회와 주변인을 위해 봉사하는 올바른 실천인 보시 같은 행동일 것이다. 계율을 올바르게 지키고 참기 어려운 일을 참아가며 진리에 다가가기 위해 노력하는 모습 자체에 올바름이 내재되어 있다. 이를 비추어 보면 옳을 의義는 불교의 덕목에서도 필수 요소이다. 의가 빠져서는 육바라밀을 실천하고 어떤 불심을 이룰 수가 없다. 이렇듯 정의는 유불에서 전승하며 강조한 개념이다. 그렇기 때문에 정의는 참다운 뜻이면서 정도에 해당한다. 동양 세계에서 면면히 밝히고자 한 개념이 얼마 전부터 부각된 데는 작금의 현실이 매우 각박하기 때문일 것이다. 어쨌든 정의가 확립되고 발현되려면 정도正道로써 실현해야 왜곡되지 않는다.

정도의 심心은 정견이요 체体는 정의이다. 우리 동양에서는 천명과 도리의 근본을 갖추고 있어야 사상과 철학으로 받아들이고 사회의 기본으로 인정을 받는다. 정의론이 서양에서 무수히 논의되었다 하더라도 그대로 도입되어 회자되는 것은 무언가 한계가 있다. 동양 정신의 면면한 흐름이 녹아 있는 우리의 생활 양식으로 파악해야 의미가 있다. 이를테면 정의의 촛불을 든 근거가 우리 고유의 생활 문화와 국민 정서로 설명되어야 한다. 촛불 광장의 함성이 우리의 정서와 어떤 역사적 연관이 있는지 역사 속에서 근거를 찾아봐야 한다. 어느 누군들 고향과 관습을 벗어나서 살 수는 없는 것이기 때문이다.

정도正道라는 동양의 가치는 우리 삶의 방식에서 정의로운가 불의한가의 기준이 된 지 오래다. 우리 삶 속에는 정도를 걸어야 한다는 규범이 자리 잡고 있다. 고향과 삶터, 직장과 이웃과 가족 간에 정도를 걸어가고자 노력을 한다. 그러나 정의롭지 않은 일들이 사회를 어지럽힌다. 무언가 정도를 걸으면 손해를 본다는 생각이 들 만큼 혼란스럽다. 심한 경쟁 사회 속 시대 상황이 어지러울수록 기본이 바로서면 좋겠다. 그래서 이를 극복하는 정도正道가 진정 실현되는 것이 가장 필요하고 마땅한 것이라고 강조할 뿐이다.

사도私道란?

사도私道는 비非정도正道인가? 정도의 반대말은 사도私道요 비非정견인가? 사도는 잘못된 것이며 없어져야 할 것인가?

존 롤스(John Rawls)는 "합리적 인간이란 자기 자신의 기본 권리와 이해관계에 미칠 결과를 고려하지 않고 사회 전체 이득의 산출적인 총량을 극대화한다는 이유 때문에 사회의 기본 구조를 받아들이지는 않을 것이다"라고 하였다. (『정의론』)

위에서 인용한 글은 정의론을 확립한 하버드의 유명한 석학 존 롤스의 생각이다. 합리적 인간은 사익私益을 공익을 위해 무턱대고 희생하진 않는다고 해석되는 말이다. 이는 사익과 관련하여 인간이 하나의 주체적 존재로서 자신을 위해 사는 것이 당연함을 옹호한 생각이다. 사익私益이 사익邪益과 다른 이유이다.

모든 사람은 사회 전체의 복지를 위한다는 명목으로도 결코 개인의 권리가 침해될 수 없는 정의에 따른 불가침성을 갖는다. 그러므로 다수가 갖게 될 보다 큰 선(이익)을 위해 소수의 자유를 빼앗는 것은 정당화될 수 없다. 사회 속에 존재하는 개개의 인격적 주체로서 자신과 관련한 이해관계와 별개로 살 수 있는 사람은 없다.

이러한 사회관계 속에서 개별 인간의 기본적 권리와 의무 관계를 분명히 하는 것이 사도私道라 할 수 있다. 이는 사도邪道와는 완전히 다르다. 그런데도 흔히 오류에 빠질 우려가 크다. 사도私道가 공공公共을 강조하는 분위기에선 종종 평가 절하되기 때문이다.

그러나 배타성 없는 사도私道 안의 사익私益 추구와 사견私見은 당연한 것이며 합리적인 것임을 동양적 전통에서도 오래전부터 인정하고 있다. 유불에서는 사도私道를 전통적으로 어떻게 생각하고 있는지 살펴보고자 한다.

'수신제가修身齊家 치국평천하治國平天下' 흔히 들어본 전통 사상이다. 수신修身은 무얼 뜻하는 것인가? 공자의 수제자 안회가 도道란 무엇인가 질문을 하자 공자는 극기복례克己復禮라고 답하는데, 극기克己란 무엇인가? '수신과 극기' 참으로 자랑스런 우리의 전통 사상이다. 동양에서는 올바른 삶을 살아가기 위해 자기 자신을 뛰어넘고 자기 자신을 닦아야 한다는 점을 분명히 한다. 본인 자신의 수양과 성찰이 아니면 예禮도 없고 집안의 평화와 사회, 국가의 안녕도 멀어진다는 확고한 가르침이 있다. 이 점은 공자가 위기지학爲己之學을 강조했을 뿐 위인지학爲人之學으로 공적 영역, 사회와 국가를 앞세운 것이 아니라는 점을 시사해 준다.

동양에서는 '나를 다스리면 천하를 다스릴 수 있다. 내가 떳떳하면 천하가 두렵지 않다'는 정신이 있다. 자기 자신의 가치와 자부심이 전통적으로 녹아 있는 말이다. 그러므로 민주주의와 다양성의 사회가 발전하는 것과 인간 개개인의 가치 실현, 자부심의 증대와는 연관이 깊고 정비례한다. 똑같이 사회와 문화가 발전한다는 것은 각 개인들의 복지 확대와 경제적 불평등이 완화됨을 뜻한다.

사회 구성원들의 생각과 철학이 합리적이고 삶의 질이 향상된 상태가 유지되는 것은 기본적으로 개개인의 성찰로부터 시작된다. 요즘에 성찰과 소통이란 정신이 회자되는 이유이기도 하다. 각자 삶의 질 향상과 정신적 성장이 없으면 복지 사회, 문화 다양성 사회, 사회경제적 풍요는 의미가 없다.

'수신과 극기'라는 동양 정신은 전통적으로 강조된 개개인 성찰의 원형이다. 도道를 이루기 위해 무위자연의 길, 호학好學의 길을 걷는 것이다. 그리고 해탈을 성취하기 위해 수행과 참선을 닦는 것이 모두 이에 해당된다.

이러한 성찰을 통해 유儒에서 강조한 '기소불욕 물시어인己所不欲勿施於人' 내가 원하지 않는 것을 타인에게 하지 말라, 불佛에서 강조한 '무주상보시無住相布施' 베푼 줄도 모르게 베푸는 상태에 이르게 된다.

한 사회가 올바르고 온전한 공동체로 성장하기 위해서는 문화적으로 거부감이 없는 성찰의 길로 많은 사람들이 걸어야 한다. 그런데 선조 대대로 성찰하는 방식을 익혀온 우리가 옛것을 지워버렸다. 물밀듯이 밀려온 서양 문화에 젖어 우리 삶의 전형을 바꿨다. 그래서 서양식 사고방식에 의존하게 되었다. 바야흐로 우리 삶 속에 반만 년 문화와 이제 백 년 조금 넘은 서구 문화가 충돌하고 있다. 우

리는 혼란스럽지 않을 수 없다. 서구의 과학을 앞세운 문화적 충격은 우리의 전통을 압도하였다

그러나 전통적으로 우리가 성찰해온 내용은 그 뿌리가 넓고 지극히 깊은 것이라고 생각한다. 다소 어렵다 하더라도 꾸준하게 강조되어야 한다. 이러한 성찰을 통해서 올바른 공동체를 이루고 진정으로 소통하는 사회가 될 수 있다.

우리 동양에서 강조한 성찰과 소통이 유구한 역사를 자랑하고 있듯이 기독교에서도 원수를 내 몸과 같이 사랑하라고 역설한다. 이 정신도 성찰의 도를 표현한다. 성찰과 소통은 동서양을 막론하고 누누이 강조한 생각이다. 이를 현대 사람들이 다시 소중한 가치로 받들도록 과거에 어떻게 그런 철학이 있어 왔는지 살펴볼 필요가 있다.

이것이 개인 각자에 있는 사도私道라고 생각된다. 사도私道를 걷는다는 것이 올바른 것일 때 정도를 하는 것이며 정견을 갖는 것이기도 하다. 수신하고 극기하려는 사도私道는 사邪가 아니며 비정非正이 아니다. 사무사思無邪이다. 파사현정破邪顯正이다. 이는 곧 사私가 정의로와야 정도正道도 되고 정견을 펼칠 수가 있음을 뜻한다. 그래야 우리가 염원하는 불평등이 줄어드는 공정 사회가 될 수 있다.

앞에서도 언급되었듯이 사도私道가 올바르려면 수신과 극기를 해야 한다. 우리가 가지고 있는 본능인 식욕, 성욕, 수면욕은 하늘이 부여한 자연스런 성품일 뿐이다. 그 자체는 존재의 기본 요소일 뿐이다. 다만 이를 배타적이거나 넘치거나 폭력적으로 추구하지 않도록 다스리는 것이 사도私道이다. 이러한 사도를 올바르게 갖고 싶은 욕구가

사욕私欲이다. 이에 과한 욕심을 내어 본능을 무작정 따라가면 사욕私欲에서 사욕邪慾으로 넘어간다. 이럴 때 제반 문제가 생겨난다.

역사적으로나 전통적으로 딴 길은 없다. 서양의 개인주의는 동양의 사도私道와는 다르다. 개인주의가 갖고 있는 장단점을 사도私道는 뛰어넘는다. 개인주의의 장점인 인간의 존엄성을 반영하며 개인주의의 단점인 배타적 본능 추구를 배제한다.

현재 우리 사회를 관통하고 지배하는 정신의 본류가 서양 사상에 뿌리를 두고 있다면 매우 안타까운 일이다. 서양에서 배울 것은 배우되 그동안 잊혔던 동양 사상의 가치가 우리 삶을 지배하도록 자리를 다시 되찾아야 한다.

공자는 모범적 인간형으로 군자를 설명하고 있다. "군자는 화이부동和而不同이요 주이불비周易不比요 태이불교泰而不驕"(『논어』「자로편」)라고 한다. 흔히들 학식이 높고 학벌이 괜찮으면 사회와 정치의 지도자가 된다. 그것만 가지고는 부족한데도 사회적 성공의 기준이 되었다. 한마디로 협소하게 적용하고 있다. 모범적 인간형과 정도, 수신과 극기, 사도私道의 올바름, 이런 것들을 충족하는 군자가 펼치는 위기지학爲己之學의 정신을 깊이 생각할 때이다.

군자는 비틀거나 거스르는 마음이 없이 넓고 커서 편안하고 태연하다고 한다. 그러므로 편견에 사로잡히지 않고 조화로우며 스스로를 자랑하거나 함부로 남을 대하지 않는다. 군자의 덕목은 매우 신중하며 까다롭다. 스스로를 절제하지 않는다면 지킬 수 없는 품격과 자세이다.

우리 조상들의 선비 정신이 생각난다. 공자는 사士를 표현하기를 "절절切切하며 시시偲偲하고 이이怡怡하다."(『논어』「자로편」) "온양공검양溫良恭儉讓"하며 강의목눌剛毅木訥하다." "입즉효立卽孝, 출즉제出卽齊, 근이신勤而信, 범애중汎愛衆, 친인親仁하고 행유여력行有餘力이면 학문한다"(『논어』「학이편」). 등등 수많은 덕목을 구구절절히 펼쳐 보인다. 한마디로 스스로 닦아나갈 뿐이다. 절차탁마切磋琢磨할 뿐이다.

그런데 이런 정신은 온데간데없이 입신양명하려는 술수와 경쟁에서 무조건 이기려는 생각들이 난무한다. 더 나아가 남들이 나를 알아주길 바라고 스스로를 앞세우며 자처하기를 위국爲國, 위인爲人한다고 과시한다. 진정으로 위국, 위인하려면 수신과 극기가 무르익고 익숙해져 있어야 한다. 그렇지 않고서 어찌 치국평천하를 논할수 있단 말인가!

지극한 간절함을 가지고 올바른 것을 위해 애써 힘쓰며 더불어 즐거운 마음씨를 가진 이가 선비였다. 어질고 공손하며 검소하고 겸양하는 덕이 있다. 강하고 굳센 의지와 투박한 된장 냄새가 나야 어진이이며 선비였다. 이런 면모를 갖추면서 가족과 친지에겐 정을 돈독히 하고 신뢰가 있어야 한다. 그리고 대중을 사랑하여 어진 일들을 실천하는 사람을 일컬어 군자라는 품격을 갖춘 것으로 보았다. 이런 내외적인 소양을 갖추는 노력을 통해서 사회와 정치의 지도자도 되고 지역 사회의 일꾼이 된다. 그간 모범적인 사람들이 흔하진 않더라도 꽤 있을 터이니 인구에 많이 회자되기를 바랄 뿐이다.

선비

불佛에서는 아견我見, 인견人見, 중생견衆生見, 수자견壽者見을 버리라고 한다. 이를 사견私見이라고 할 수도 있다. 나와 너가 따로 떨어져 있어 관계없이 존재한다는 생각, 우리 모두 영원히 변하지 않는 존재라는 생각을 버리라는 구절이다. 그러면 번뇌가 없는 아라한이 된다고 한다. 또는 다툼이 없는 무쟁삼매無爭三昧로 편견이 없는 자가 되어 고요히 즐거움에 젖는다고 한다.

불佛의 아라한은 유儒의 군자와 유사하다. 다툼이 없는 마음에 머무는 자는 군자의 화이락和而樂, 빈이락貧而樂과 같다고 할 수 있다. 이 모두가 불가佛家의 핵심 경전 『금강경』에 나온 가르침이다. 아라한은 고정 불변하는 실체가 없음을 성찰한다. 그리고 형식을 타파하며 집착을 여의고 어리석음을 뛰어넘는다. 인간에게 있어 이러한 견해를 버리는 것은 매우 어렵다. 그러나 수신과 극기, 수행이라는 성찰의 사도私道로 달성될 수 있다.

불가에서 사견四見을 극복하려는 정신 자체는 사도私道이다. 이를 수행이라 한다. 그리고 이를 올바르게 정립했다면 정도正道라 할 것이다. 불에서는 사견私見을 탐貪진嗔치痴라는 삼독三毒에 물들지 말라고 한다. 깨끗한 거울을 더럽히지 말도록 주의를 준다. 이렇게 불에서 정견正見을 가지게 만드는 수행은 군자로서 갖추어야 할 수신과 극기와 많은 공통점이 있다. 곧 올바른 사도私道는 정도正道를 향해 수신과 극기하는 방법이다.

불교에서 번뇌라고 말하는 아견我見, 아애我愛, 아치我癡, 아만我慢인 사욕私慾을 수행을 통해서 버린(여읜) 아라한이 있다. 이는 공자의 식무구욕食無求慾, 거무구안居無求安하며 화和, 주周, 태泰한 군자와 같은 의미라고 볼 수 있다.

유불儒佛의 절차탁마와 수행은 공통점이 많다. 비로소 사도私道인 수신과 극기는 불佛에서 강조하는 번뇌를 극복하는 방안과 통한다. 그래서 군자나 아라한이 같은 말이라 할 수 있다. 다만 현대인들이 이를 성취하기가 매우 어려우므로 군자의 덕목을 애써 실천해 보고 아라한의 수행 과정을 한번 도전해 보는 것이 필요하다 하겠다. 이 것이 수신과 극기라는 나의 길 사도私道라 할 것이다. 인생 내내 실패할 수도 있지만 실천하는 것만으로도 그 의미는 매우 드높다 할 수 있다. 그것조차 알지 못하고 사도邪道와 어리석음에 빠져 사는 것이 다반사이기 때문이다.

사회의 성숙도나 지속 가능성, 그 수준은 그 사회 구성원의 수신과 극기하는 성찰의 양과 비례한다. 유불의 전언이자 황금률인 '기소불욕 물시어인'己所不欲 勿施於人, 무주상보시無住相布施'가 얼마나 많은 관계 속에 펼쳐지고 실천되는가에 따라 살 만한 사회인지 아닌지 가늠된다. 바람직한 사회는 내가 원하지 않는 것을 타인에게 하지 않는다. 그리고 나를 알아주지 않는 것을 걱정하지 않는 사회이다. 내가 남을 알지 못함을 근심하라는 명언을 새겨서 익히는 사회가 되면 얼마나 살맛 나겠는가! 남이 알아주지 않아도 빈이락貧而樂, 화이락和而樂, 노이락勞而樂 할 수 있는 성찰로 가득한 사회를 상상해 본다.

자기 자신의 즐거움을 위해서 나눔 문화에 동참하는 사람들이 많은 사회를 그려본다. 메마르고 척박한 곳에 단비를 내리고 의지할 곳 없는 곳에 비빌 언덕이 되는 사람들이 곳곳에 자리 잡고 역할을 해야 한다. 그것이 아견我見, 아애我愛와 더불어 수신하고 극기하여 성찰의 길, 사도의 길을 잘 닦아 나가는 일이다. 이는 전통과 역사를 계승하면서 현대를 보다 살기 좋은 사회로 만드는 정도를 걷는 것과 다름없다.

사회의 건강과 행복은 사회 구성원의 자부심 총합과 비례한다. 각 구성원들 스스로가 자기 자신을 사랑하고 만족한다면 그 사회는 얼마나 바람직한 사회일 것인지!

사도私道는 나를 사랑하고 치유해 주는 치료약과 같다. 수신과 극기를 통해서 군자와 아라한을 닮아 간다면 그 자신의 자부심은 드높아진다. 스스로 무명無明에서 벗어나 구름을 걷고 태양 빛을 바라보는 아애심我愛心의 충만은 우주만큼 넓고 깊다. 이러한 성찰은 흐르고 넘쳐서 타인에게 영향을 준다. 이타심利他心이 생기고 소통할 수 있는 마음이 깊어진다. 이심전심의 경지, 역지사지의 품성이 고양되어 다툼과 분쟁의 소지가 근본부터 차단된다.

이러한 사회는 불평등이 야기하는 인간의 아픔을 헤아리고 치유해 준다. 위로받을 곳 없을 줄 알았던 인간들의 영혼을 사회가 품어 위로해 준다. 사회적 약자, 일자리가 없어 고통받는 청년을 포함한 모든 연령대의 사람들에게 희망을 준다. 그런 사회의 시스템은 무척이나 인간미를 발산하면서 문화를 꽃피우게 된다. 그러면 누구나 바라는 이상향을 향해 가는 바람직한 사회를 만들 가능성이 커진다.

유불儒佛의 무릉도원, 극락정토가 형이상학적으로 불가능한 비현실이 아닐 수도 있다. 현실에서 유불의 덕목을 실천한다면 그만큼 현실은 무릉도원도 되고 극락정토도 되어 간다. 기독교의 천국도 마찬가지이다. 현실 사회가 행복하고 건강하다면 극락과 천국이 따로 있을 이유가 없다. 자신을 성찰하고 정도를 걷기 위해서 수신과 극기하는 사람들이 많아질수록 무릉도원은 멀지 않다.

그런데 작금의 한국 사회는 OECD 회원국 중에서 자살률이 최고 수준이다. 행복 만족도 지수는 최하위권이다. 불행한 수치이고 부끄러운 상황이다. 얼마나 사회 구성원들의 마음에 상처가 깊은 것인가! 스스로를 사랑할 줄 아는 사람들이 많아지도록 사회 시스템이 바뀌어야 한다.

국가 경쟁력이란 국민이 진정 행복한가를 추구할 때 비로소 의미를 갖게 된다고 본다. 경제력, 기술력도 좋지만 문사철文史哲이 약하면 그 사회는 허약하다. 한 사회의 세포인 개개인들이 병들고 불행하고 허약하다면 사회와 국가가 건강할 수 없다. 국민 개개인은 자신을 믿고 자부심을 느낄 수 있는 사회 분위기를 만들어야 한다. 곧 군자와 아라한, 선비 정신을 높은 가치로 두고 교육 목표로 삼아 수신과 극기의 정신세계로 매진할 일이다.

불가의 큰 스승인 성철 스님의 법어 중 하나를 소개한다.

"자기를 바로 봅시다. 자기는 원래 구원되어 있습니다. 자기가 본래 부처입니다. 자기는 항상 행복과 영광에 넘쳐 있습니다. 극락과 천국은 꿈속의 잠꼬대입니다. 자기는 시간과 공간을 초월하여 영원하고 무한합니다. … (중략) … 모든 진리는 자기 속에 구원되어 있습니다. 만약 자기 밖에서 진리를 구하면 이는 바다 밖에서 물을 구함과 같습니다. 욕심이 자취를 감추면 마음의 눈이 열려서 순금인 자기를 바라보게 됩니다. … (중략) … 모든 상대를 존경하며 받들어 모셔야 합니다. 자기는 큰 바다와 같고 물질은 거품과 같습니다. 바다를 봐야지 거품을 따라가서는 안 됩니다. 부처님은 이 세상을 구원하러 오신 것이 아니요, 이 세상이 본래 구원되어 있음을 가르쳐주려고 오셨습니다. 이렇듯 크나큰 진리 속에서 살고 있는 우리는 참 행복합니다. 다 함께 길이길이 축복합시다."(1982년 부처님 오신 날 법어 '자기를 바로 봅시다'에서) 스스로 자기 안에 자부심을 가질 보물이 있으니 구름을 걷고 성찰하면 군자도 되고 아라한도 된다는 가르침이다.

군자의 덕목인 화和주周태泰와 그 반대 소인小人의 동同비比교驕의 차이는 미세한 털끝만큼의 차이일 뿐이다. 그런데 하늘땅만큼의 차이로 벌어지는 것은 수신 극기하지 않은 상태로 사도私道를 버려두어 결국 사욕邪慾이 되고 아치我癡에 빠지기 때문이다.

나의 길 사도私道를 잘 가꾸어 나를 사랑하고 바로 안다면 현재가 극락이고 천국이다. 자기를 사랑하는 것이 타인을 사랑하고 우리 사회를 행복하게 하는 지름길이다. 자기 스스로를 잘 닦아 나가고 극복해 나가는 길에 해답이 있다.

성철 스님

고정 관념을 넘어서

사람들은 내가 옳다. 상대방이 잘못됐다, 틀렸다, 아니다를 반복하며 산다. 좀처럼 당신이 맞으니 내가 힘을 보태겠다는 마음을 내기가 쉽지 않다.

집단으로나 정치적으로 편을 만들어서 활동하지만 그 안에서의 다툼은 늘 상존한다. 사회는 시시비비是是非非가 항상 있는 아수라장이기도 하다.

한편 어느 때 어느 곳이든지 심금을 울리는 아름답고 감동적인 사연을 연출하는 것이 인간이기도 하다. 사소하고 작지만 사람들 간에 정을 나누고 소외와 아픔을 나눌 때 감동을 자아낸다. 그러면서 크게는 나라와 민족을 위한 고난과 희생에 나선다. 고귀하고 고결한 인간 정신의 극치를 이루기도 한다.

우리 역사 속에서도 무수한 이야기들이 숨어 있다. 감격스런 이야기를 들으면 누구나 마음이 열리고 흔쾌히 동의하는 것이 인간이다. 이렇듯 사람 속에는 긍정과 부정이 함께 존재하고 시시비비가 상존한다.

양심은 마음속에 밝은 면을 차지하고 비양심은 마음속에 어둠을 차지한다. 그만큼 마음은 깊고 넓어 혜량하기 어렵다. 그곳은 양지와 음지가 있고 산과 계곡이 있다. 우주만큼 넓기도 하고 좁쌀만큼 작기도 하다. 광활한 우주와 만주 벌판을 펼쳐 보이기도 하고 복잡하고 음습한 도시의 뒷골목을 다니기도 한다. 열 길 물속은 알아도 사람 마음속은 알 수 없다.

이러한 마음의 속성을 옛 성현들이 파악하고서 마음을 내려놓으라고 하였다. "마음을 내려 놓는다." 참으로 의미심장한 말이다. 우주만큼 크고 좁쌀보다 작은 그 무엇을 어떻게 내려놓으라는 것인가? 마음을 먹거나 잡지 말란 말이기도 하고 현재 어떻게 들고 있기에 내려놓는 것이 좋다고 하는 것인가?

일단 마음은 어떨 때 우주고 어떨 때 좁쌀인가를 살펴보자. 마음이 우주같이 넓을 때는 사랑할 때다. 사랑스런 가족, 친구, 은인, 닮고 싶은 사람 등에 대해선 마음이 우주같다. 고슴도치도 제 새끼는 어여쁜 게 정상이다. 무언가 사랑스런 대상이 있을 때 마음이 열리는 것이 일반적이다. 내 가족, 내 친구, 내 사랑, 내가 존경하거나 흠모하는 대상에게는 한없이 마음이 크고 열려 있다.

한편 싫어하는 모든 것에는 마음이 닫히거나 작아진다. 심지어 보편적 진리라 하더라도 미워하는 누군가가 강조하면 부정하는 마음이 일어난다. 소속한 집단이나 종교에서 비판하는 대상에는 마음을 열지 못하고 닫기 마련이다.

이와 같이 보통 마음의 작용은 대상이 있어야 하고 상대가 있어야 열거나 닫기 마련이다. 그래서 마음이란 것이 홀로 존재하거나 객관적인 실체가 있는 것이 아니란 걸 알 수 있다. 어떤 대상에 대한 반응, 상대에 대한 작용을 뜻하는 명칭임을 알게 된다. 마음의 작용은 모두 상대적인 반응으로 인식된다. 대상, 상대가 없으면 마음의 작용이 없다고 한다.

한편 마음이 어떤 대상에 대한 반응과 작용으로만 일어난다면 나란 본성은 어디에 있는가? 나의 마음은 어디에 있으며 나란 누구인가를 어떻게 규정할 수 있는가? 절대적인 나는 없고 상대적인 나만 있는 것인가? 마음도 진정 그 고유한 실체가 없는가? 등을 헤아려 볼 필요가 없게 된다. 따라서 사람이 가진 자연적인 생각이나 철학적 성찰이 빈곤해 진다. 이러한 의문에 답을 찾아봐야 한다고 생각된다.

우리 보통 사람들은 상대적인 반응과 작용인 마음 내기에 익숙하고 습관화되어 있다. 상대가 없는 마음, 자생적인 마음 내기에 서툴다. 스스로를 상대로 한 성찰로서의 마음 작용이 낯설기 때문에 사유가 그다지 깊지 않을 가능성이 크다. 인간으로서 누구나 가치 있는 존재이지만 그 영혼의 무게가 다른 이유이기도 하다.

이 사회 속에서 영혼의 무게를 잴 장치는 없지만 분명 자신의 마음을 스스로 잘 다스리는 사람은 무언가 다르다고 생각된다. 자신의 마음을 스스로 작용하고 움직이는 사람과 상대적인 마음 내기에 길들여진 사람과의 격차가 현격하게 나타날 수밖에 없다. 무게나 부피가 다를 것이다. 그 차이가 우주와 좁쌀의 차이라고 말하고자 한다.

유불에서 이런 상황을 적절하게 나타낸 가르침이 있다. "인부지이불온人不知而不慍이면 불역군자호不亦君子呼라"(『논어』「학이편」)와 "삼천대천 세계에 칠보로 가득한 보시를 하더라도 이 금강경 사구계를 지녀 설파하는 것과는 비교할 수 없다"(『조계종 표준 금강경』)는 가르침이다.

공자는 "사람들이 알아주지 않더라도 화나지 않으면 군자가 아니겠는가"라며 마음의 평온함을 강조한다. 흔히들 칭찬은 고래도 춤추게 한다고 한다. 칭찬은 햇빛과 물이 나무를 자라게 하는 것처럼 사람을 성장시킨다. 이렇듯 나를 알아주고 평가해 주면 마음은 뿌듯하고 날아갈 것만 같다. 그런데도 사회 속에서 인정받는 것을 넘어서서 마음의 동요를 일으키지 않고 평온할 수 있는 경지는 어떤 경지인 것인가?

군자는 정도를 걷는 바람직한 인간상이다. 정도를 걷기 위해 수신과 극기에 매진하고 노력하는 성실한 사람이다. 세간의 평에 흔들림이 없는 주체적인 모범생이다. 자신의 마음을 정갈히 하고 성찰하는 데 집중하는 강인한 사람이다. 전통과 문화에 조예가 깊은 지성인이다. 안빈낙도安貧樂道의 은일자적 품성을 지닌 사람이다.

이렇게 격을 갖춘 사람은 사람을 대상화시키거나 편을 나누지 않는다. 자신도 상대적인 마음을 일으키거나 외부에 대한 반응이 적다. 즉 일희일비하지 않는다. 역지사지하는 마음이 넓으며 사람들이 측은할 뿐이다. 그래서 경쟁하여 이기고픈 마음이 희박한 상태다. 보통 사람들의 삶에 연민을 느끼며 될 수 있는 한 돕고자 한다. 심지어 예수 말씀처럼 원수도 용서하고 헐뜯고 비방하는 무리들을 위해 기도한다. 스스로에겐 엄격하지만 타인에게는 부드럽고 말랑말랑하다.

품격이란 마음의 크기에 비례한다. 크고 넓은 인격은 무한한 우주처럼 팽창할 수 있다. 마음속의 세상이 우주만큼 커질 수 있음이다. 어떤 이는 은하계만큼 크고 어떤 이는 태양계만큼이며 어떤 이는 지구 크기만 하다.

공자가 그토록 염원하고 강조한 군자는 팽창하는 우주만큼의 마음을 가진 사람이다. 어떻게 남들이 알아주지 않아도 평온할 수 있음인가. 모든 사람들은 예외없이 칭찬을 받고 싶어 한다. 권력욕, 명예욕, 사욕은 누구나 가지고 있다. 그 속에는 남들보다 앞서가고 싶다거나 우월하다는 평가를 받고 싶은 마음이 늘 상존한다. 누구나 자신에게든 사회 속에서든 칭찬을 받고 싶다.

그런 속성을 멀리하고 터부시하는 품격인 군자의 내면은 얼마나 단련된 것인지 상상하기 어렵다. 그런 연유로 군자의 마음 폭은 우주와 같다고 할 수 있다. 인간들이 알고 있는 세상에 제일 큰 것이 우주라면 그만큼의 크기가 군자의 마음이다.

불佛에서 가장 유명한 말씀이 『금강경』에 있다. "모든 것은 공空하다.", "너와 나를 구별하는 변하지 않는 고유한 실체란 없다." 거짓말처럼 들리는 명제를 정하고 설파하고 있다. 아니 분명히 이 세상이 존재하고 눈앞에 모든 사물들이 버젓이 존재하는데 공空하고 실체가 없다는 말은 너무 비현실적으로 들린다. 비현실적이기 때문에 홍미를 끌기가 어렵고 주목을 끌기가 어렵다. 그런데도 공空하다. 없다는 무無 사상이 동양 정신으로서 자리 잡게 된 배경은 무엇인가?

『금강경』에 나온 구절에서부터 그 실마리를 찾아가 본다. "응무소주 이생기심 범소유상 개시허망 약견제상비상 즉견여래應無所住而生基心 凡所有相 皆是虛妄 若見諸相非相 卽見如來."(『금강경』) "마음이 머무는 바 없이 마음을 일으킨다. 모든 보이는 것들은 허망하니 그 보이는 모든 모습이 그대로가 아님을 안다면 여래를 볼 것이다."

마음이란 우주처럼 크고 좁쌀처럼 작다. 새털처럼 가볍기도 하고 탱크처럼 무겁기도 하다. 변화무쌍한 마음이란 어떻게 생겼으며 어떤 색깔일까? 이 모든 마음에 대한 의문은 우리가 보고 듣고 느끼고 경험하는 세계로부터 해답을 추구하고 있다. 그래서 정신학, 심리학이 발달하고 종교학도 발전을 거듭한다. 누구나 가지고 있는 마음에 대한 연구가 활발하고 인문학도 번창하고 있다. 4차, 5차 산업 혁명을 목전에 두고도 마음에 관한 관심은 여전히 광범하다. 이런 분위기에 참여하면서 도움이 되는 것들을 나누어 가질 필요가 있다. 그 단초로 마음에 한정되지 않으면서 마음이 생겨나게 하는 법을 생각해 보고자 한다.

물질 문명이 발달한 현대에는 마음을 빼앗길 곳이 많다. 상대적으로 반응하여 일으킨 생각들이 난무한다. 이것저것 비교하고 편을 가르는 마음들이 넘쳐나는 시대이다. 그만큼 현대는 번잡한 사회다. 그 속에서는 마음은 스스로 작용을 일으키는 바 없이 항상 대상에게 영향을 받는다. 비주체적인 피동적 마음 일으키기에 익숙해 있다. 그래서 원칙을 지키지 않고 근본, 뿌리의 가치를 소홀히 한다. 그러면 전통과 문화에 대한 소중함을 멀리하게 마련이다. 이렇게 누구나 가진 마음은 흔한 것이지만 제대로 콘트롤할 수 없어 빚어진 현상이 현대병이다. 그래서 천변만화千變萬化하는 마음을 잡기 위해서 그 마음에 머물지 말고 내려놓으라는 해결책으로 가르침을 설파하고 있다.

그 속에 머물지도 않고 내려놓으려는 마음이란 집착 없이 가벼운 새털 같은 마음이다. 어떤 사물이나 대상에게 얽매이지 않는 사욕邪慾 없는 생각이다. 집착하지 않고 어떤 반작용에 의한 반응으로서 마음을 내지 않고 마음을 일으키라는 말에는 질적 변화가 존재한다. 무주상보시나 안빈낙도하는 정도正道가 느껴진다. 오직 정도를 꿋꿋히 하라는 선비 정신이 감득된다. 왜냐하면 사욕邪慾을 끊어야 마음도 있고 정도正道도 있다는 것과 맥이 상통하기 때문이다.

『금강경』의 '공空'은 어떤 사욕邪慾을 부릴 실체가 없다는 상황에 대한 설명이다. 무주상보시, 정도正道는 새털처럼 가볍고 우주처럼 넓은 것이기에 순수하고 광대한 세계를 표현한다. 아욕我慾과 아만我慢의 세계에서 공리公利와 공공公共의 세계로 전진한다. 영원토록 변하지 않는 독립된 존재는 없으며 서로서로 조건에 따라 의지한 존재들로 세상이 이루어졌다는 핵심 깨달음을 나타내 주고 있다.

노자의 『도덕경』에서도 있음과 없음은 서로를 도와주고(유무상생有無相生), 어려움과 쉬움은 서로를 이루어 주며(난이상생難易相生), 높음과 낮음은 서로 기울며(고하상경高下相傾), 가락과 음률은 서로 어울리고(음성상화音聲相和), 앞과 뒤는 서로가 따른다(전후상수前後相隨)고 한다(『노자 도덕경』 2장).

"이러한 상생상성相生相成은 모든 상대적 가치의 대적적 관계를 상생적 관계로 포용해야 한다는 지혜다. 즉 여자나 남자, 음과 양과 같은 고유한 실체로 홀로 존재하는 것이 아니라 서로 의존한다는 사실을 말하고 있다. 이들의 관계가 상대相對(분리되거나 대립하는)가 아니라 상대相待(서로 기다리고 의지하는)란 의미이다. 유가 있기 때문에 무가 있고 긴 게 있어서 짧은 게 있다는 존재의 상의성相依性을 전하며 상호적 관계라는 진실을 말하고 있다(도올 김용옥『노자가 옳았다』)".

인간과 세상, 지구와 우주는 별개로 존재하지 않는다. 누구나 아는 사실이다. 마음과 몸, 너와 내가 따로 존재하지 않는 것도 당연한 상식이다. 지구가 존재하려면 태양계, 은하계와 깊은 관련이 있다. 은하계와 우주의 법칙 속에 지구는 존재한다. 홀로 존재하는 것이 아니라 은하계의 조건과 관계하면서 상호 의지하여 탄생하였고 유지하고 있다. 마음도 온갖 현실을 만드는 실체와 연관되어 있다. 마음과 몸은 서로를 의지하며 서로에게 작용한다. 마음의 결정으로 의, 식, 주가 빚어지고 몸의 실행으로 마음먹은 것이 유지된다.

인간들과의 관계 속에서도 홀로 존재하는 개인은 없다. 부모가 만난 조건에서 태어나고 서로 간의 관련을 통하여 인간 사회가 유지하고 존재한다. 조건이 맞지 않는다면 탄생도 없고 유지하는 실체도 없다. 마음도 몸을 만나 일으키는 것이며 몸도 마음이 작용하여 움직이고 실행되는 기관이다. 절대적으로 저절로 태어나거나 홀로 탄생한 존재는 이 우주에 아무것도 없는 것이 진실이다. 이 진실에서 벗어난 것은 허망한 것이며 불필요한 망상이며 허황한 궤변으로 떨어지게 된다.

그러나 인간은 생존 욕구로 인해 생존 경쟁하며 독립된 존재로 길들여진다. 아我란 자의식이 길러지기 때문에 홀로 존재한다는 착각에 빠진다. 자꾸만 아我란 구심력이 커진다. 이를 불佛에서는 무명無明이요 탐진치의 세계라고 진단한다. 진실을 알지 못한 무명無明에서 헤메이며 탐욕과 무지의 중생계에서 맴돌다 윤회한다는 설명이다. 즉, 공空은 홀로 태어나 존재하는 것은 없다는 의미의 공이다. 그리고 이런 진실을 알지 못한 무명의 허망함을 아쉬워하는 탄식의 공空이다. 공空은 진실과 무명을 담고 있는 그릇이다.

『금강경』의 공空 사상은 마음에 머무는 바 없이 마음을 내라는 명언으로 정리된다. 무명無明을 벗어나 모든 존재는 서로를 의지한다는 진실을 깨우쳐 살아가라는 사상이다. 불이不二 정신이기도 하고 무주상보시의 정신이기도 하다. 그만큼 공은 역설적으로 비어 있는 것이 아니라 진실을 알려주는 틀이다. 달리 말하면 생명이 충만한 지구 같기도 하고 존재로 가득한 우주 같기도 하다. 결국 마음이 공으로 가득 차 있으면 우주와 같은 마음, 열린 마음이 된다.

이 열린 마음은 무명 속 아我란 존재에 영향을 주는 상相의 세계를 벗어나게 해 준다. 모든 상相은 아我를 위한 신체 기관과 마음이 빚어낸 결과물이다. 나와 우주의 연관성을 성찰하지 않고 별개로 인식하는 비현실적인 몽상이다. 그래서 모든 상相이 허망하니 그 상相이 진실한 것이 아님을 안다면 진리에 도달할 수 있다고 부연 설명하고 있음이다.

인간의 정신세계에는 진실로 충만한 것도 있고 비현실적인 몽상도 있다. 모든 것이 연관되어 있다는 불佛의 입장으로 보면 진실과 비현실적 몽상도 서로 연관이 있고 상의相依하는 정신이어야 한다. 진실만 있고 몽상이 없다면 공은 없을 것이다. 몽상만 있고 진실이 없다면 이 우주는 존재하지 않는다. 진실은 몽상과 대비하여 진실이란 이름을 얻은 것이며 몽상은 진실이 있기에 몽상이란 이름을 얻는다.

우리가 존재하는 이 우주가 있는 한 공空 속에는 진실과 몽상이 어울려 있다. 현실 세계의 모든 존재가 홀로 존재하는 고유한 상相이 없듯이 정신세계의 모든 사상도 진실과 비진실이 한데 섞여 있다.

현실 세계에서 홀로 존재하며 변하지 않는 실체란 있을 수 없다는 공空과 무無 이론은 불평등하거나 배타성이 없다. 이제 내가 너이고 너는 나와 연결된 이웃이며 근거이기에 내가 살려면 너도 같이 살아야 한다. 그래서 나쁜 것을 줄 수 없고 좋은 것은 나누어야 한다. 정신세계에서도 진실과 비진실이 공존하는 것을 아는 것이 무명無明에서 벗어나는 길이다.

결국 마음에 두는 것은 착각이요 허상을 잡고 있는 것이며, 마음을 내려놓는 것이야 말로 현실적이요 진실한 것이 된다. 왜냐하면 현실 세계는 존재로 가득한 공의 세계이며 홀로 존재하지 않고 서로 상의相依한 생명들로 넘쳐나기 때문이다. 정신세계도 진실과 비진실, 각성과 몽상이 어울려 있는 세계로 이루어져 있음이다.

'그동안 모든 허상과 착각을 들고 있는 마음을 우주처럼, 공空처럼 상의相依하고 있는 도리道理로 파악해야 한다. 그 복잡한 마음 작용을 내려놓음으로 파악이 된다. 얼마나 착각과 허상에 휘둘렸던 마음이던가! 진실이 아닌 것을 진실인줄만 알았던 마음에게 미안해진다. 현실인줄 알았던 것들이 허상임을 알게 되면 그동안의 마음고생이 너무 허황되게 생각된다. 하지 않았어도 될 것들에 마음을 빼앗기고 도둑맞은 셈이다. 그동안 마음은 헛고생하였다.'

위와 같은 결론에 도달하는 순간 마음을 내려놓기 시작한다. 비진실과 몽상을 가려내고 진실과 각성을 부여잡는다. 현실과 정신세계에서 이루어지고 있는 본질을 파악한 생각이 마음을 내려놓는다는 표현 속에서 이루어진다.

마음을 내려놓는 것은 마음이란 별도의 물건이 있어 들고 있다가 내려놓으라는 것이 아니라 도리道理에 빠져들라는 가르침이다. 생각을 하지 말라는 것이 아니라 궁극적인 깨달음에 매진하란 표현이다. 생각에서 사견邪見을 버리고 정견正見에 다가서란 권유이다.

마음은 무슨 물건처럼 들고 있거나 내려놓거나 할 수 없는 무형이다. 가르침과 깨달음을 표현한 것일 뿐인데 그저 고정 관념으로 무슨 물건처럼 취급해 왔던 것이다. 마음이란 들고 있거나 내려놓을 수 있는 형체나 무게가 있는 사물이 아니다. 또한 그 속에 머물 수 있는 공간이 있는 물리적인 존재도 아니다. 무슨 벽이 있거나 경계가 있는 제한적인 모습을 띠고 있지도 않다. 우주처럼 무한히 크기도 하고 좁쌀처럼 작아지기도 하는 변화무쌍한 현실이며 진실과 몽상이 어우러져 혼합되어 있는 공空의 세계일 뿐이다. 마음은 그 자체가 현실적이고 진실이다.

마음을 내려놓거나 머물지 말라는 가르침은 단지 사람들이 생각하고 판단하는 기본 요소인 오감五感, 불교에서는 오온五蘊에 의존할 수밖에 없기 때문에 생긴 표현이다. 마음을 사물처럼 인식하게 된 계기이기도 하다. 머물지 말고 마음을 내라는 것은 오감五感에만 머물지 말라는 뜻이다. 오감은 상相이요 무명無明이다. 깨달은 마음이란 오감에서 비롯되거나 연유緣由한 것이 아니라 생명들로 가득한 진실의 세계, 공空의 세계로부터 연유한다. 마음에 대한 고정된 생각을 벗어나게끔 유도하는 마중물로 제시된 글귀이다.

도道의 세계는 오감五感을 콘트롤하는 주인이다. 몸으로 경험하는 작용과 실천을 통해 습득한 유무형의 상相들을 추려내고 가려내어 현실과 진실로 이끄는 족집게이다. 도리道理와 공空, 무無 사상이 일맥상통하는 것은 마음속이며 현실과 진실 속에 있다. 오감五感이란 현상에서 머문다면 도리道理에 다다를 수 없다. 오감에 머무는 것이 고정 관념이요, 홀로 존재하는 독립된 실체가 있다는 어떤 허상이다. 이는 공空의 세계, 마음의 세계에 다가서기엔 턱없이 부족한 단계일 뿐이다.

오감에 머문 지식 세계엔 편벽된 아집我執, 존재의 상의성相依性을 이해하지 못하는 아만我慢, 내가 옳다는 사견邪見이란 상相이 지배한다. 내가 옳다, 넌 그르다란 변견邊見은 오감에 머문 허망한 관념일 뿐이다. 오감을 통해 습득한 지식과 뜻은 앎과 교敎의 과정이지만 그 자체로 진실은 아니다.

인간의 경험과 인식은 그만큼 상相에 고정되어 있다. 그 고정 관념인 상相을 내려놓거나 버리라는 가르침은 온 우주에 가득한 존재를 드러내고 받드는 공空과 도리道理이다. 진정한 마음을 내는 공空과 무주상無主相의 세계로 나아가기 위해 사유와 성찰이 활성화되어야 한다. 개혁과 혁신의 사유와 성찰이 제대로 되려면 공과 무주상의 도리에 기반하여야 한다. 마음에 머문 바 없이 마음을 내며 모든 상相에 얽매임 없는 도道의 길엔 고정 관념은 더 이상 없다.

천명, 도리가 있는 인간

생명이 가득한 지구는 명실상부하게 우주에서 특이한 존재이다. 어쩌면 유일한 것인지도 모른다. 아니 유일하다. 지구와 같은 것은 오직 은하계, 우주에서 유일하다. 다른 곳에 생명체가 있는 별이 있다 하더라도 유일하다.

태양 빛과 물과 바람, 나무 등 지구 속에 담지한 것들은 경이롭다. 모든 생명들이 방대한 우주 안에서 유일한 것들이기에 더더욱 신비롭다. 그중 사람도 예외는 아니다. 온 우주에 유일한 사람들은 얼마나 신비하고 경이로운가? 다른 생명과도 손색이 없이 놀라운 유일성을 가진 신비함이 있다. 다른 생명보다 더 경이롭다고 할 수는 없지만 유일하고 희귀한 존재임은 분명하다.

존재로 가득한 우주에 나[我]란 존재가 오직 유일하게 존재한다는 사실은 매우 놀라운 현상이다. 그래서 우리는 감격해서 태어날 때 울었는지 모른다. 그리고 자신을 소중하게 인식하고 대접할 수밖에 없다. 자신을 사랑하게 되며 행복한 삶이 되려고 애를 쓰게 된다. 행복해지려고 노력하는 것은 온 우주에 하나뿐인 자신에 대한 보상

심리이며 당연한 예우에 해당한다. 이를 가리켜 본능이라고 말한다. 생물체가 가진 생명 영위를 위한 욕구 수준에 머문 개념 정도로 회자되는 본능이란 말은 사실 자신을 예우하려는 존경을 품은 단어이다.

사람의 욕구는 생명 영속을 위한 것이긴 하지만 보다 근본적으로는 우주 속에 유일한 자신에 대한 보답[心]이자 애착심이다. 의당 사람의 욕망이란 이렇게 유일한 자신에 대해 최고의 예우를 하고 싶은 배경을 갖고 있다. 경이로운 존재이기에 스스로를 받들고 그 가치를 저절로 인정하고 있음이다.

생명의 가치는 우주 속에 유일하다는 최고 수준에서 설명되고 평가되어야 한다. 그래서 유일한 존재로서 지위가 있고 평가되는 존엄성을 획득하게 된다. 이러한 이유가 신성神性, 불성佛性, 도성道性이 인간 속에 내재한다는 이치를 만든다.

흔히들 인간의 존엄성은 타 생명과의 우위성, 적자생존력이나 인간 지식의 우월함, 고도의 지능을 가진 고등 동물에서 근거를 찾는다. 이는 매우 잘못된 가치관이다. 타 생명과 비교하고 적자생존한 경쟁의 승자로서 우쭐대는 생각이기 때문이다. 온 우주에 유일한 존재라는 가치를 홀대하고 망각한 자기 비하일 뿐이다. 인간의 가치는 그렇게 낮은 수준에서 논할 수 없다.

인간의 역사에서 이룩한 문명은 발전을 거듭한 것이기에 찬란하고 영광스럽다. 그러나 그 문명이 타 생명보다 더욱 가치가 있다고 단정할 순 없다. 왜냐하면 인간의 문명이 환경과 배치되고 그 문명의 부작용으로 인간 자신과 타 생명에게 위해를 가할 수도 있기 때문이다. 인간 스스로 찬란한 문명을 이룩한 것은 분명하고 발전되어 왔지만, 인간 이외에 타 생명들과 더불어 문명을 이룩한 것은 아니다. 인간 문명이 최고다라고 할 객관적인 잣대가 없기에 문명을 가지고 인간 존엄성이 높다고 할 수는 없다.

객관적으로 인간은 우주에 유일하기에 존엄하다. 또한 모든 존재는 우주에서 유일하고 존엄하다. 만물이 존엄하다면 인간의 가치는 흔해 빠진 평범한 가치로 전락하는가?

일반적으로 인간은 너무 평범한 존재로 치부되는 것을 거부하고 자신이 가진 신성, 불성, 도성을 어떤 절대적 가치와 존엄성을 가진 것처럼 의미 부여를 한다. 만물 안에서 두드러지게 인간은 무언가 특별한 가치를 지닌 모델을 별도로 가진 것처럼 만드는 관습을 확립하고 있다. 우주 속에 유일한 인간이지만 유일한 모든 존재들과 차별되는 특별한 것이 있다는 생각이 자리를 잡고 있다. 욕망과 허상에 빠져드는 순간이다.

인간은 다른 존재들과 무언가 다르며 특별하다는 생각이 자리할 때 만물의 존엄함을 망각하고 격하시킨다. 나아가 만물과의 대립이 점증하고 인간 사회 속의 갈등이 상존하게 되는 단초가 만들어 진다. 지금 인간은 유일하게 생명이 가득한 지구에 적대적 행위를 하는 존재이기도 하다. 인간의 존엄함이 유일성에 있다면 존엄성의 상실은 유일성을 망각하는 데 있다.

공자는 "획죄어천獲罪於天 무소도야無所禱也" 하늘에 죄를 얻으면 빌 곳이 없다(『논어』 「팔일편」)고 일갈한다. 만물의 가치를 인정하지 않고 인간의 특별함을 내세울 때가 우주의 진리를 벗어나 망상에 빠져들고 지구에 적대적이게 되는 시점이라고 생각한다.

인간은 이미 유일하기에 특별하다. 만물이 다 특별하다. 이러한 가치를 인간이 올바르게 지킬 가능성이 많은지는 모르겠다. 다만 만물 속에 함께하는 특별함이 있기에 중요하다.

인간의 중요성은 존엄함과 더불어 만물과 함께하는 데 있다. 만물 속에서 나고 성장하고 사라진다. 이 모든 과정을 만물과 함께한다. 그 과정에서 영향을 주고 받는다. 이 과정이 없는 것은 신神이거나 허상이다. 모든 존재가 특별하여 존재의 평범함에 식상한 인간일지라도 예외일 수 없다.

모든 존재는 특별하지만 평범함을 가지고 있다. 그래서 존엄하다. 존엄함은 평범하다는 것의 얼굴이며 평범은 존엄함의 실체이다. 그 평범함이 없다면 존재할 수 없다. 우주의 운행과 만물의 존재 법칙은 평범한 관계에 있다. 이것이 사람들이 말하는 천명天命이자 도리道理이다.

천명은 "천도지류행이天道之流行耳 부어물자賦於物者 내사물소이당연지고야乃事物所以當然之故也"(『논어』「위정편朱子註」) 천도는 흐름이며 만물에 부여한 당연한 이치일 따름이라고 해설하고 있다. 모든 만물이 존재하는 평범한 이치에 특별하고 비범한 중요성이 있다. 만물이 생멸하면서 함께하는 가운데 우주는 유지되고 있다. 함께하지 않는다면 우주도 지구도 없다. 함께하지 않는다면 의미가 없다.

생멸하는 현실은 변화무쌍하다. 변화 발전하는 현실 세계가 지구의 본 모습이다. 현실 세계는 생멸하는 변화무쌍함 그 자체이다. 변화, 발전, 소멸하지 않는 생명은 없는 것이다. 모든 생명들이 변천하는 것이야 말로 당연지사이며 천리이다.

이렇게 특별하면서 평범한 진리를 왜곡, 외면하는 것이 고정된 아집我執의 세계라 할 수 있다. 만물과 교응하지 않고 분리된 인간 사회란 있을 수 없다. 만물에 군림하거나 비교 우위를 점하려는 아만我慢에 젖어 있으면 우愚를 범하게 된다. 또한 인간 고유의 실체가 영속적으로 유지되는 만물보다 더 존엄하다는 아치我癡에 이르게 된다.

거듭하여 강조하면 인간의 존엄함과 유일한 존재로서 가치는 만물의 존엄함을 깨닫는 것이다. 그리고 그들과 조응하여 이루어진 현실 세계의 진실인 평범한 도리를 자각하는 데 있다. 이것이 동양 정신인 성리학性理學과 연기론緣起論으로 면면히 이어져 오고 있다.

"천명지위성天命之謂性 솔성지위도率性之謂道 수도지위교修道之謂教 성즉리性卽理 불가수유리야不可須臾離也(『중용』)" 하늘이 만물을 생겨나게 하고 부여한 이치이며 성을 따르면 도리에 다다른다. 도는 모든 것에 마땅한 리이니 잠시라도 떠날 수 없다.

공자의 손자 자사子思가 직접 저술한 것으로 알려진 『중용』의 첫 장이다.

공문孔文의 심법心法인 『중용』은 제일 먼저 천하 만물의 보통의 법칙, 있는 그대로의 모습, 평범한 진리를 강조한 천명으로서의 성리性理를 명확히 하고 있다.

인간의 몸에 성性이 있음은 천天에서 나온 것이며 천은 당연히 만물의 근본이니 인간 속에 내재된 고유한 것이 천성임을 알 수 있게 한다. 즉 인간 속에 도리가 존재하는 것은 지극히 평범한 것이다. 우주 안에 유일한 존재로서 신성神性과 도성道性을 간직한 인간 면면은 경이롭다. 그러나 천성과 도리에 매일같이 어긋나는 것이 인간이기도 하다. 신성, 도성을 매일같이 저버리거나 외면하기 일쑤인 것도 인간이다.

인간은 내면에 간직한 그 존엄성을 망각하기에 신성神性을 지니는 것이 가능했을지도 모른다. 신성神性과 속성俗性이 함께 머물러 있는 인간 내면은 상반된 내성內性으로 인해 항상 변화가 일어난다. 그래서 생멸하는 순환이 본성인 존재로서 인간은 크나큰 우주에 당당한 존재로 자리하고 있다.

수도修道를 일컬어 교教라 함은 인간 내면의 속성을 다스려 도성道性에 이르고자 함이다. 이를 유儒에서는 수신이요 극기라고 표현한다. 교教는 단순히 지식을 전수받거나 기능을 익히는 수준을 넘어서 이 세상의 근본 이치, 인간의 본래 면목인 본성本性, 세상이 돌아가는 법칙과 지향해야 할 덕목을 지니게 한다. 여기에 이르면 인간과 우주, 자연과 인간이 어떻게 조화, 조응해 갈 것인지 깨우치게 되는 인간상인 군자, 아라한의 경지에 다다른다.

불佛에서 연기緣起라 함은 천성天性의 또 다른 표현인 바, 모든 존재는 서로서로 작용한 조건에 따라 생멸하므로 변하지 않는 고유한 실체는 없다는 진리를 표현한다. 이로써 존재로 가득한 우주의 생성소멸 법칙이자 만물의 실상임을 드러내 주고 있다. 이와 같이 만물이 서로서로 작용하고 조응한 결과 존재한다는 생각도 불성佛性의 핵심인 바, 유儒의 도성, 천성과 같은 맥락에서 이해할 수 있다.

연기의 세계관은 어떤 존재도 홀로 존재하지 못한다는 점이 핵심이다. 근본으로 치우친 생각이나 있다, 없다는 생각이 모두 허상임을 나타내 준다. 그래서 허상을 끊어내고 융화된 만물의 본성에 따라 윤회를 멈추고 고통을 끊어내라는 메시지이다. 이와 관련하여 연기緣起의 또 다른 표현인 중도론中道論을 논하면서 이후 근거를 확고히 하려 한다.

불가佛家의 핵심인 연기론은 유학儒學의 심법인 『중용』 첫머리에 "중中은 천하지대본야天下之大本也 화和는 천하지달도天下之達道"니 "중화中和의 천지위언天地位焉하고 만물육언萬物育焉"과 통한다. 즉 연기론은 천하의 근본 이치와 통하여 만물이 생육하는 방식인 원융과 화합을 통해 서로가 상호 생명 조건이라는 화和의 의미와 상통하고 있다. 이렇듯 현실과 정신세계에서 인간의 성립 조건은 동양 사상이 주장하는 천성天性, 도성道性, 연기성緣起性에서 비롯된다.

우리는 항상 많은 삶의 시간을 낭비하고 어려움 한가운데 있기 마련이다. 그러나 인간의 본래 모습을 헤아릴 줄 안다면 보다 평화롭게 지낼 수 있다. 고전이나 종교에서 말하는 따분한 설교가 아니라, 우리 삶의 본 형태를 파악하고 현실에서 응용해 나가야 좋다. 그래야 개인은 품격과 자질을 높이게 되고 사회라는 틀에서 보면 건강한 공동체를 이룰 수 있다. 이런 현실적인 목적 때문이라도 인간이 가진 본 바탕에 대한 성찰이 매우 필요하다고 생각된다.

천지와 만물이 본래 나와 일체이니 나의 마음이 바르면 천지가 바르고 나의 기운이 순順하면 천지의 기운이 순順한 것이다. 여기에서 인간의 존엄성에 대한 최상의 찬사가 표현되고 있다고 본다. 이는 천성, 도성, 연기성에 따라 천지인天地人 온 세상이 정正하게 된다는 말이다. 곧 사람이 만물과 같이 화합한 존재인 줄 안다면 세상은 조화롭고 현실이 극락이요, 천국이요, 무릉도원임을 극진히 일러주는 동양 사상의 요체를 얻게 된다. 인간의 본질을 구현하는 것은 의무가 아니라 당연지사인 본성이다. 그러나 인간은 내재된 본성을 올바로 발휘하지 못하는 안타까운 존재이기도 하다.

동양은 이미 오래전부터 휴머니즘을 넘어선 지극히 높은 정신세계를 구현하여 인간이 나아갈 바를 가장 높고 크게 설정해 놓았다. 이런 전통을 재인식한다면 어찌 현실을 혁신해 보고 싶지 않겠는가!

어렵고도 쉬운 중도中道

공자는 『중용』에서 "천하 국가를 다스리고 부귀영화를 사양하고 시퍼런 칼 위를 걸을 순 있어도 중용을 능히 할 수 없다"고 했다. 한마디로 거의 불가능하단 이야기다. 중도를 실천하기가 하늘의 별따기처럼 실현 가능성이 없다는 탄식이다.

덧붙여서 걱정하길 "중용은 지극至極하니 능한 사람이 적은 지가 오래되었다"고 되뇌인다. 그래서 평범한 일반인들은 중도의 첫걸음조차 떼기 힘들 정도로 겁을 집어먹게 된다. 이렇게 어려운 중도의 길을 걸어야 참 사람이라고 하면서 거의 불가능한 해석을 내놓은 이유가 무엇인가?

공자가 의도한 바는 아니지만 결과적으로 대부분의 사람들에겐 중도는 실천하기가 무척 어려운 것으로 인식하게 되었다. 때문에 소위 시류時流에 따라 살아가게 되는 빌미를 제공한다. 중도에 대한 관심과 인기는 밑바닥으로 떨어졌다. 유불을 통틀어서 군자나 아라한으로 높이 추앙받는 분들이 적은 이유이기도 하다.

하늘의 별만큼 많은 인간과 역사 속에서 별따기를 실현한 각자覺

者는 매우 희소하다. 지구에 운석이 떨어져 그 파편을 주울 확률이 수백만분의 일이듯이 중도를 온전히 실현하는 것은 수치상으로도 희박한 것이었다.

그런데 왜 우리의 유불 사상은 중도中道를 그토록 강조해 마지 않는가! 왜 운석을 줍기 위해 길을 나서라고 등을 떠미는 것인가? 동양 인류의 스승인 공자, 부처도 중도를 터득하기 위해서 많은 세월을 투자한다. 부처의 6년 고행상을 보면 깨달음을 얻기 위한 인간의 한계를 볼 수 있다. 공자도 15년을 주유하면서 무진장한 고생을 통해 삶과 죽음의 경계를 넘나들었다. '생이지자生而知者' 나면서부터 깨우친 성인인 두 분조차 중도 사상을 발견하기 위한 고행 길은 상상 이상의 것이었다. 하물며 보통 사람들은 언감생심 중도에 접근조차 어렵다는 것이 기정사실인 것처럼 고착되었다.

그러나 이를 잘 알고 계신 두 분이 그 숱한 고생을 한 까닭은 대신 십자가를 지신 것이 아닐까라는 생각이 든다. 예수처럼 "수고하고 무거운 짐진자들아. 다 내게로 오라 내가 너희를 쉬게 하리라"라고 말로 표현하진 않았다. 다만 중도를 위한 고행 길을 보여 뭇사람에게 어떤 영감을 주고자 한 것 같다.

동양은 서양처럼 겉으로 드러내거나 폼 잡는 걸 태생적으로 거부한다. 요순시대부터 나라를 물려줘도 안 받는 경우가 많았다. 덕과 효심에 겸손까지 더한 인류가 동양인이며 농경 사회가 지닌 특징이 잘 반영된 사회였다. 아무튼 어렵게 어렵게 발견한 중도 사상을 세상에 전하기로 결심하고 실현한 두 분은 사람들에게 어디까지 기대하고 있을까? 이 장章에서는 중도는 어렵다. 그러나 실천해야 한다. 인간들에게 기대할 만하다는 순서로 논論하고자 한다.

천하만물을 다스리고 흰 칼날 위를 걸을 순 있지만 중용은 어렵다는 한마디에 겁을 먹거나 기가 죽어선 안 된다. 사람들이 이 말씀에 기가 꺾이고 노력하지 않을 것이라고 생각했다면 어디 성인이 되셨겠는가! 아니다. 우리가 분발하도록 촉발하려는 의도였을 것으로 생각된다.

『중용』을 전체적으로 보면 1장章은 중도의 근본 이치를 가르쳐 주고 있다. 성性, 도리道理를 천명과 만물의 법칙으로 설명하면서 인간에게 내재된 가치이기 때문에 자연히 본성本性 안에 중도를 가지고 있음을 말해준다. 처음부터 "진리란 이런 것이야"라고 함께 공부하자며 유인하고 있다. 그래서 우리는 멋모르고 따라 배우길 자청하게 된다.

그런데 갑자기 2章부터 군자, 소인, 순舜문文무武의 예를 들면서 중도中道하기가 보통 어려운 일이 아님을 기술하는데, 독자들은 여기서부터 고민에 빠지게 된다. '중도中道를 해야 할 것인가 중도中途에 포기해야 하나.' 『중용』에서도 "군자가 도를 행하다가 중도中途에서 폐지하니 나는 그렇게 못 하겠다"며 그만큼 중도에서 하차하는 경우가 많음을 표현하고 있다. 이는 우리보고 고민은 하되 포기하지 말라는 메시지이지만 어차피 탈락하는 안타까운 현실을 예측하는 것이기도 하다. 도道가 최고조에 다다른 성인도 다 알지 못하는 바가 있다고 고백할 정도로 중도 실천의 어려움을 시사해 준다.

그러나 중도中道함이 어렵고 난득하다고 재차 강조하다가 서서히 현실에서 실천할 수 있으니 희망을 버리지 말라고 위무를 한다. 처음에는 도의 속성을 밝히면서 '잠시라도 떠날 수 없는 것이다'라고 규정하였다. 이런 진실의 바탕 위에서 사람들에게 말하길 "도란 사람 몸에서 멀리 있지 않으며 도 자체가 사람을 멀리 할 수 없다道不遠人 人之爲道而遠人 不可以爲道"라고 안심시키고 있다. 공자가 몸소 고행을 실천한 끝에 완성한 중도 사상이기에 이런 말씀이 설득력을 가진다.

이는 도道가 사람들 사이에 있는 것이고 사람 간의 교호 작용으로 실현되는 것이지 사람 밖의 일이 아님을 나타내는 뜻이다. 따라서 인간이야말로 도를 실현하는 주체요 주인이라는 사상으로 정리가 된다. 이런 생각이 소위 인내천人乃天, 천인天人무간無間, 인불人佛 사상으로 굳어졌다. 곧 중도 사상은 사람에게서 군자, 아라한, 하느님을 보았고 그와 같은 가치를 인간들 사이에서 실현하고자 하는 것이다. 그렇기 때문에 '기소불욕 물시어인己所不欲 勿施於人'이라는 인간으로서 할 수 있는 최고의 예와 덕을 명심하라고 가르치고 있다.

이렇게 사람들 사이에서 나타나야 할 도행道行이 자연스럽게 이루어지려면 무엇이 필요한가? 어떻게 중도가 대중화되어 갈 수 있는 것인가? 『중용』에서는 군자의 사도四道와 소기위이행素其位而行을 통해서 실마리를 풀어가고 있다.

군자의 사도四道란 "자식에게 바라는 것처럼 부모를 섬긴다. 후배에게 바라는 것처럼 선배에게 한다. 배우자한테 바라듯이 남편이나

아내에게 한다. 친구에게 바라듯이 먼저 한다"이다. 이는 무슨 특별한 것이 아니라, 자연에 있는 그대로의 모습이 도道이듯이 사람 사회 안에 당연한 일로서 표현한다.

그러므로 있는 그대로의 바탕 위에서 마땅히 해야 할 것들을 잊어버리지 않는 것이 중도中道를 하려는 마음이요 평상심을 유지하는 것이라고 가르친다. 즉 평소에 처해 있는 상황이나 위치[素其位]에 따라서 적합하게 실천하고 그 외의 것을 원하거나 하지 않는 것이 중도를 하는 쉬운 방안으로 거론한 것이다.

이처럼 군자의 사도四道와 소기위이행素其位而行이 그나마 중도를 실행하는 쉬운 방법으로 제시되고 있지만 사실은 그것조차 실천하기가 힘들다. 그래서 다시 한 번 부담을 줄여주기 위해 "군자의 도는 먼 곳을 가려면 반드시 가까운 곳부터 가며 높은 곳에 오르려면 반드시 낮은 데부터 시작한다"(『중용』)라고 권면하고 있다. 천 리 길도 한 걸음부터라는 지극히 상식적이면서 불변의 진리를 비유로서 풀어내고 있다.

보통 사람들은 결론을 중시하고 과정을 소홀히 하는 경향이 있다. 열매는 달지만 그 인내는 쓰다는 것을 망각할 때도 많다. 군자의 도는 결론이 아니라 과정이며, 열매가 아니라 결실을 맺기 위한 노력을 말한다. 열매를 맺기 위해 작용하는 빛, 물, 땅은 자연적 요소의 어울림이다. 수신과 극기라는 인내도 자연적 요소의 어울림과 같은 맥락으로 이해되어야 한다.

중도의 대중화는 결과를 중시하는 것이 아니라 과정을 중요하게 생각하는 것에서 시작을 한다. 중도는 먼 곳이나 천 리 길, 열매가 아니라 인내의 과정, 한 걸음 노력하는 자세일 뿐이다. 결과나 열매를 중시할수록 도道에서 멀어지며 성과를 강조할수록 사회는 중도에서 멀어지고 혼란스럽고 강퍅해 진다.

작금의 사회가 꼭 이렇다. 한쪽에선 생활고에 허덕이고 상실감이 크지만 다른 한쪽은 호사를 누리고 있다. 지나친 굶주림, 기아가 있는 반면 비만한 사회가 있다. 모든 것이 다양하며 다름이 있고 상대적인 것이어서 잘살고 못사는 것의 편차는 있게 마련이다. 하지만 중도는 그 편차를 줄여주며 그 차이를 극복해 준다.

다시 한 번 공자는 "유능일일용기력어인의호 아미견력부족자有能一日用其力於仁矣乎 我未見力不足者"(『논어』「이인편」)라고 도움을 주고 있다. 이는 인仁을 함은 본인에게 달려 있으니 하고자 하면 그 힘이 부족한 사람을 볼 수 없다는 말이다. 인이라는 덕목을 사람들이 하고자 한다면 쉽게 이룰 수 있다는 설명이다. 사람 속에는 중도中道의 한 형태인 인仁을 자연스럽게 실행할 속성이 내재한다는 말이기도 하다. 곧 사람의 위대함을 여실하게 보여줌으로서 누구나 군자요 아라한이요 하느님이란 가치를 부여하고 있다. 모두에게 잘 살아갈 수 있다는 자신감을 주고 있다.

이에 우리는 마땅히 공자가 깔아놓은 멍석 위에서 행복하고 편안하게 지내야 한다. 그러나 사람들의 탐욕과 무지가 차별을 만들고 아픔을 증폭시키며 정토를 아귀다툼으로 만들었다. 우리 자신의 가치를 망각하고 소홀히 취급한 결과 고통이 만연한 세상이 되는 것

같다.

중도 정신으로 한 걸음 한 걸음 살다보면 아픔과 고통은 치유된다. 그 한 걸음이 혁신이며 개혁이다. 도道를 떠나지 않도록 조금씩 노력해 보는 것이 진정한 중도이다. 그렇게 어려운 것이 아니다. 조금씩 노력해 보고 생각해 보며 잊어먹지 않도록 마음을 닦아 나가는 것이 중도의 자세이다.

이렇듯 동양 사상의 핵심 중도는 어렵게 보이지만 과정을 중시하기 때문에 사실은 그다지 어렵지 않은 특징이 있다. 그렇기 때문에 더욱 위대한 것이 되었다. 어렵게 보인 건 동양 철학자들의 과실過失이다. 공자나 부처는 평생 쉽게 사람들이 실천할 수 있도록 입이 헐고 발이 짓무르게 많은 비유와 말씀을 남겼다. 그 지혜의 바다를 다 마시고 모두 알 필요는 없다. 인간 각자 현재 처해 있는 상황에서 편안하게 취사선택할 수 있게 중도中道 뷔페를 차려 놓았다. 유불 공히 경전에 다양한 사례를 적시하고 있다. 문헌도 차고 넘친다. 그러니 먹고 싶은 음식을 고르듯 하면 된다.

여기까지 중도가 대중화될 수 있는 가능성을 『중용』 속에서 확인하고자 부연 설명하였다.

이렇게 공자와 부처는 중도를 실현하는 것이 가능하다는 것을 보임으로서 사람들에게 자신감을 부여하고 있다. 동시에 고민을 해결해 주면서 할 수 있으니 하라는 부담감을 숙제로 남겼다. 중도를 하기가 어렵지만 쉽게 접근할 수 있으니 그것도 못 하면 천하의 바보, 멍청이가 된다면서 은근히 시詩와 역사를 동원하여 분발하라고 촉구한다.

먼저 『시경』과 순舜, 문文, 무武의 효와 덕을 소개하면서 역사 속에 실례를 들어 중도의 기원을 열어 보인다. 그리고는 마침내 '대덕자 大德者는 필수명必受命'이라고 마침표를 찍는다. 덕이 있으면 천명, 중도가 비켜 갈 수 없음을 강조한다. 그 방법인 도를 '천하지달도야天下之達道也'라고 풀이한다. 군신 간, 부자간, 부부간, 형제간, 붕우朋友 간을 지智, 인仁, 용勇으로 행하면 도를 달성할 수 있다고 정답을 공개한 것이다.

교육자인 공자는 공부는 스스로 터득하는 것임을 가르쳤다. "불분不憤 불계不啓 불비不非 불발不發 거일우擧一隅 불이삼우반不以三隅反 칙불복야則不復也"(『논어』「술이편」) 노력과 애가 타지 않아도 도에 이르는 한 귀퉁이를 보여 주었으나 남은 세 귀퉁이를 깨닫지 못하면 다시 가르치지 않을 정도로 엄격하였다. 그러나 『중용』에서는 이러한 방침을 잊어 먹기나 한 듯 자세하고 친절하게 달도達道하고 중도中道하는 법을 가르쳐 준다.

본래 공자는 방임형 가르침과 적극적 참여형 교육을 적절히 구사하는 분이다. 그런데 유독 공문의 심법인 『중용』에서는 일일이 도를 어떻게 걸을 것인가를 1+1=2식으로 설명할 정도로 자세하다. 공만 넘겨주고 알아서 하라는 방임형 가르침이 아니라 친절하게 해법을 코치하는 참여형 교육을 하고 있다. 그만큼 중도를 하긴 해야 할 텐데 그 곤란함을 대중들에게서 덜어주기 위한 자애의 정신이 깔려 있다 하겠다. 이러한 배려를 공자의 손자인 자사가 더욱 세밀하게 안내한 것이 『중용』이다. 그래서 공문 철학을 체계적으로 정립한 제 1 서書라는 별칭을 얻게 되었다.

비로소 후학後學들은 천지만물 모든 인간들에게 있는 성性과 도의 평범한 비밀을 익숙하게 받아들이게 된다. 더 나아가 중도를 할 수 있다는 자신감을 갖게 해 준다. 이제는 대중인 우리의 몫이다. 공은 우리에게 넘겨졌다.

동양 철학은 그 심오한 깊이를 평범하게 드러내어 만물의 위대함을 속속들이 표현하였다. 더구나 인간들이 자연스럽게 도달할 수 있는 진리를 보여주고 있다. 중도가 어렵다거나 난해한 것이 아니라 친근하면서 우리 자신에게 가깝게 있음을 확신시켜 주고 있다. 동양의 지고지순한 정신인 중도는 누구나 할 수 있는 대중성을 담지하고 있기에 더욱 찬란하다. 위대한 우리의 전통 사상을 알아보지 못한 우愚는 우리에게 있다. 다시금 아끼고 상기하여 실천할 때이다.

2부

유불儒佛의 길

유불儒佛의 선입견 깨기

"밤새 안녕하셨습니까?" 고향 마을에서 담장 넘어 이웃 간에 주고 받던 아침 인사이다. 장노년의 사람들은 식구들에게 아침에 잘 잤냐는 인사가 평범한 인사말이다. 과거 2,500년 전의 공자가 전승하고자 한 4,000년 전의 고대 중국의 예법이 오늘날에도 "밤새 안녕하셨습니까?"라는 인사법에 고스란히 녹아 있다. 공자는 중국 하은주夏殷周 시대가 태평성대이고 예禮가 확립된 시기라고 칭송한다. 이런 인사 예법이 요즘은 '좋은 아침(굿모닝)'으로 어느덧 부지불식간에 바뀌고 말았다.

전란이 횡행하던 춘추 시대의 공자는 그 시대의 참담함을 무척 안타까워 하며 소소한 예법에도 소홀함이 없었다. 그래서 후대 사람들에게 너무 예법에 매인 형식주의자라는 오해를 사기까지 한다.

그러나 공자는 "예禮 여기사야與其奢也 영검寧儉 상喪 여기이야與其易也 영적寧戚, 군사신이예君使臣以禮 신사군이충臣事君以忠"(『논어』「팔일편」)라고 한다. 예는 사치하기보단 검소해야 하며, 상을 치르는 데도 번듯한 것보단 슬픈 것이 좋다, 임금은 신하를 예로써 대하고 신하는 임금에 충성해야 한다. 이 뜻을 보면 형식적인 예를 오히려 배척했음을 알 수 있다.

오늘날 우리는 사군이충은 잘 알지만 군사신예에는 익숙하지 않다. 2,500년 전의 규범이 요즘에서야 국민을 섬기는 정치가 강조되고 주권이니 민주공화국이니 하는 기본권으로 강화되어 가는 중이다. 이외에도 고정적이고 형식적인 틀에서 탈피하여 실사구시의 입장에서 공자는 많은 말씀을 남겼다.

오늘날 사람들이 유儒의 시조인 공자에 대해 제대로 알고 지냈으면 하는 바람이다. 유학자들의 활동이 미진하고 서양 문물이 문명의 최고봉인줄 아는 세태가 아쉽기만 하다. 이러한 상황 속에서 유儒는 고정된 전통이어서 새롭다거나 혁신적인 역동성을 담지하지 못한 이론으로 치부되고 있다. 고루하고 지겹고 지루한 관습일 뿐이라는 견해가 깔려 있다.

정말 그럴까? 인간 문명의 발전 토대가 서양이 더 굳건하다고 단정할 수 있을까? 서구 문명의 발전이 동양 정신보다 인간의 혁신을 보다 완전하게 이루어 낼 수 있을까? 동양 정신이 수천 년 이어져 오고 있는 대한민국의 새로움과 혁신, 변화 발전의 동력에 어떻게 작용되어야 할 것인가? 유학이 과연 평이하고 졸음이 쏟아지는 사상일까?

한 가족이 모여 밥상이나 식탁에서 식사를 하고 있다. 여기에는 아버지나 어른이 먼저 숟가락을 들고 한 수저 드셔야 식사가 시작된다. 이런 모습을 예禮가 살아 있는 지극히 당연한 모습으로 받아들일 것인가 아니면 가부장적인 낡은 인습으로 치부할 것인가 의 차이가 혁신의 갈림길일 수 있다.

필자는 밥상에서 벌어지는 모습을 통해서 혁신을 판단한다. 공자가 도道와 비도非道의 차이를 종이 한 장으로 비유한 것과 같은 입장에서 바라보기 때문이다. 도와 비도의 차이는 밝은 대낮과 어두운 밤의 차이라 할 만하다. 그러나 그 격차의 시초는 티끌만한 것부터 시작한다.

일상적인 생활 태도에서 예禮에 어긋난다면 수신과 극기를 거쳐 천성, 도성을 발휘할 수가 없다. 사소한 것인지 모르나 아침에 일어나 가족과 이웃에게 문안 인사하고 밥상에서 어른이 먼저 수저를 뜨시길 기다리는 것은 수신修身하는 첫걸음이다. 이 첫걸음을 무시하고 백안시한다면 도를 향해 가는 인간의 목표를 상실할 가능성이 크다.

사람의 도는 어느날 갑자기 만들어지거나 태생적으로 실현되지 않는다. 오직 수신과 극기를 통해서 닦아 나갈 때 비로소 걸을 수 있는 세계이다. 인간의 존엄성은 당연히 도리를 다할 때 가치 있게 발현되며 현실에서 구현이 된다. 대한민국은 단군 왕검의 고조선부터 홍익인간의 건국 이념이 확립되어 문명을 초기에 이루었다고 자부하고 있다. 이렇게 누누이 지켜 왔던 전통을 헌신짝 버리듯 한다면 우리가 바라는 이상향은 더욱 멀어진다.

왕도王道와 패도覇道의 차이는 대낮과 한밤중의 차이이다. 그 차이는 공자의 춘추 시대 제나라 재상인 관중管仲에 대한 평가에서도 살펴볼 수 있다. 우리가 관포지교管鮑之交로 잘 알고 있는 관중은 제나라 환공桓公을 춘추 시대의 패자霸者로 만들었다. 이러함에도 공자는 관중을 예禮를 알지 못한 불인자不仁者라고 평가한다. 관중의 공로를 크게 여겼지만 왕도를 이루기에는 부족함이 있다는 것이다. 이만큼 도리를 익히고 따르는 것은 매우 어려운 것임을 알 수 있다. 그렇기 때문에 일상 생활 속에서 작은 예조차 지키지 못한다면 더 이상의 도리道理를 발휘하지 못함은 자명하다.

이렇듯 인간의 본성本性 속에 담지된 존엄성을 유지하기가 어렵다. 그렇다면 더욱이 평범한 속인俗人들에게 공자의 가르침은 무용지물이며 먼 이야기일 뿐이다. 그러나 그렇치 않다는데 유儒의 혁신성이 있다. "도야자道也者 불가수유리야不可須臾離也, 가리비도야可離非道也 인막불음선능지미야人莫不飮鮮能知味也"(『중용』) 도란 것은 당연한 것이어서 잠시라도 떠나 있을 수 없다. 사람이 음식을 먹지 않고 살 수 없지만 맛을 아는 이는 적다는 말에서 희망을 읽을 수가 있다. 덧붙이면 "도지불행道之不行 지자과지知者過之 우자불급야愚者不及也, 도지불명道之不明 현자과지불초불급야賢者過之不肖不及也"(『중용』) 도가 행해지지 못함은 지혜로운 자는 지나치고 어리석은 자는 미치지 못하며, 도가 밝아지지 못함은 어진 자는 과하고 어질지 못한 자는 미치지 못하기 때문이다라는 말에서 희망을 품을 수 있다.

도道는 과過하지도 불급不及하지도 않아야 행해지고 명확해진다. 이는 다른 말로 중中이니 불편불의不偏不倚 무과불급無過不及이다. 도리道理를 이루고 인간의 존엄성을 잃지 않으려면 중中해야 함을 지적하고 있음이다. 중中은 "천리지당연天理之當然이며 도무소편의道無所偏倚"(『중용』) 중中은 세상의 근본 이치이자 편벽되이 치우치는 바 없으니 인간 속에 내재된 도성이요 천성이다. 이것이 인간과 만물의 본연의 모습이며 법칙이니 이를 통합적으로 중도中道라 한다. 드디어 중도中道라는 개념의 속살이 등장한다.

중도中道는 어디에 치우치거나 넘치거나 모자람 없이 좌·우, 가운데에도 머물지 않고 모두를 충족하고 포섭한다는 개념이다. 그래서 인간을 포함하여 모든 만물에게 갖추어진 본성本性이다. 이를 인식하게 된다면 그 다음은 이 위대한 가치를 제대로 실천해 가는 것이 좋다. 그렇지 않으면 잘 알다시피 인생살이에서 많은 난관에 봉착한다.

중中은 만물의 본성이요 대본大本이다. 어디에도 치우치거나 고정되지 않는다라는 것에는 혁신성이 내재하고 있다. 존재하는 모든 것의 가치와 존엄성을 인정하기 때문에 생태주의와 휴머니즘이 밑바탕에 깔려 있다. 계급주의, 신분주의를 타파하고 남녀평등, 만물 평등과 평화를 간직한 정신세계이다. 왜냐하면 어떤 고정 관념이 없기 때문에 만물과의 조화를 주창하면서 인간 사회의 보편적이고 평범한 덕성을 강조하기 때문이다.

혁신의 대의는 만물의 생육을 돕고 인간 사회를 이롭게 하며 살만한 사회를 만드는 데 있다. 그러려면 근본적으로는 조화를 이루어야 하고 부정不正과 사욕邪慾을 걷어내야 한다. 앞에서도 언급하였지만 천지와 만물이 본래 나와 일체라는 생각이 확립되어 있어야 한다. 혁신은 이처럼 조화와 융합의 사상이다. 단순히 보수와 진보의 논쟁이나 이념을 드러내는 것만으로 혁신을 논할 수 있는 것이 아니다.

중中은 어디에도 치우치지 않고 고정되어 있지 않기에 소위 어떤 생각이 고수하려는 입장을 고정된 기반 위에서 펼치지 않는다. 오직 우주의 본성에 따라 옳고 그른 것을 가려내고 실천할 뿐이다. 소모적인 논쟁을 차단하고 생산적인 소통을 추구하는 혁신의 길을 보여 준다.

유학과 성리학이 가진 중심 이론은 전 역사를 관통하는 개혁적인 사상이다. 그런데도 오히려 새로움과는 거리가 먼 낡은 사상으로 치부되고 있다. 그러나 공자가 생존하던 춘추 전국 시대라는 엄혹한 시대에는 민民을 위한 덕치德治는 왕도王道임을 주창하는 혁명적인 사상이었다. 어디까지나 천명을 완수하라는 왕도 정치를 구현하고자 하였다. 그만큼 정치 지도자들의 엄격한 자기 수양을 요구하는 혁신 사상이었다.

유儒에 면면히 흐르는 혁신성은 어느 시대에서라도 적용되는 통시성通時性에 있다. 이러한 통시성을 가진 사상 체계는 우리의 하루하루 생활상에 녹아 있다. 아침 인사등 예절법과 삼강오륜의 규범에 자연스레 포함되어 있다. 전 시대를 관통하는 혁신 사상임에도 불구하고 현대의 민주 제도하에서 그 개혁성보다는 낡은 사상처럼 오인되고 있는 실정이다.

필자는 그 원인으로 민주제의 불완전성이 유儒의 개혁성을 담아낼 수 없는 한계가 있기 때문이라고 생각한다. 민주제는 자유, 평등,

박애를 시대정신으로 탄생했다. 자본주의 발달에 따른 사회 제도로 정착되면서 과학과 문명의 발전과 함께 인본주의를 강화하는 제도로 성장한다. 민주제는 다수결에 따라 명분을 확보하면 소수에 대한 무시나 자연에 대한 도발이 가능하게 되었다. 이런 점에서 한계와 단점이 있다.

그러나 그런 한계를 가짐에도 불구하고 민주제가 가진 강점은 매우 강력한 것이어서 동서양을 불문하고 선진 제도로 정착하게 된다. 따라서 필자는 유불의 핵심 개혁 사상이 민주제를 보완 발전시키는 데 도움되길 바라는 관점으로 기술하고자 한다.

유儒의 개혁성은 단적으로 말하면 중도中道를 구현한다. 중도가 혁신의 몸체요 실체이다. 그 뜻이 너무 크고 넓어서 모든 만물과 전全역사에 적용되어 진다. 그래서 천명을 따르는 것이고 시대와 역사를 관통하는 핵심이다.

우리는 짐짓 변화와 개혁의 근본을 계급론과 이념론에서 출발하거나 정립한다. 어떤 이론이든지 그 속에 개혁성이 있는 것이지만 자본주의 병폐에 몰입하다보니 좌편향이 개혁적인 것처럼 생각된 듯하다. 마치 시소놀이하는 것처럼 무게 중심이 좌우에 쏠려 있다.

중도에 의하면 이러한 편향들은 모두가 비도非道이다. 동시에 편향은 혁신의 대상이 된다. 중도가 불편불의 무과불급不偏不倚 無過不及이라고 이미 밝혔듯이 대본이요 객관적 진리이기 때문이다. 만물의 본성과 그 가치를 확립하고 존엄성을 밝혀주고 있는 중도를 통하여 비도非道와 사견邪見을 바로잡아야 한다.

인간 세계에서 중도는 적대적 갈등과 투쟁를 멈추게 하며 선의의 경쟁과 나눔이 있는 실천지實踐知다. 덕과 예가 실현되기에 충분한 내용을 담고 있다. 사회적 약자를 보호하고 사회적 병폐를 치유하는 힘이 있다. 우리 사회의 중도는 다 함께 같이 잘 살아보자는 측은지심이 있다.

앞에서 중도가 무엇인지 알기 위해서 우주와 천명을 설명하였지만 인간 세계에서 그것을 보다 압축한다면 베품과 나눔과 측은지심과 자비심이다. 중도를 인간 세계에서 축약하고 실제로 보여준 분들이 성인聖人이다. 공자, 부처, 예수, 마호메트 등 성인은 중도를 실천한 분들이다.

중도는 모든 것을 통섭統攝한 사상이어서 성인들도 깨달아 가는 과정이 험난하였다. 중도를 깨닫고 실천하면서 그 심오한 뜻을 사람들이 지니고 익히기가 쉽지 않음을 설파하셨다. 그래서 공통적으로 많은 가르침과 비유와 은유로 사람들에게 중도 사상을 전하고자 힘썼던 것이다.

우리 일반인들은 그분들이 닦아 놓은 중도의 길을 보다 쉽게 걸을 수 있다. 그분들이 말씀한 내용 중 일부라도 외우고 실천한다면 처음 중도를 닦는 초심자의 수고를 덜어내는 것이다. 그 핵심적인 교훈 중에서 인간 세계에 필요한 것들을 골라 실천하면 된다. 그 실천은 중도 전체를 다 파악하고 헤아리지 않더라도 서로서로를 존중하는 곳에서 시작된다. 만물이 나의 생명의 어버이라는 자연의 섭리를 인정함에서 비롯된다. 평범하지만 최고의 진리를 안다는 기쁨 속에 사는 것이 혁신적인 삶이다.

유儒는 중도를 통하여 인간 본연의 도리와 실천을 강조한 반면 불佛은 중도를 통하여 정신세계가 다다를 수 있는 궁극의 평온함을 추구하고 있다.

부처 사후 용수보살이라는 뛰어난 사상가가 중론中論을 통해 중도사상을 집대성한다. "모든 것은 인연과 조건에 따라 생멸하므로 그 이치를 깨달으면 괴로움도 아픔도 없는 대자유인이 된다. 모든 사람들이 생멸의 변견에 처해 있으므로 그 변견을 완전히 부수는 중도를 통해 해탈해야 한다"는 견해를 확립하였다. 여기서 변견이란 생사生死, 일이一異, 상단常斷, 래거來去등 어떤 한 부분에 대한 집착이나 고정된 관념을 뜻한다. 유儒의 불편불의와 같은 맥락이다. 변견과 고정된 사견私見을 버리고 정견으로서의 중도를 실현하는 대자유인은 넓은 덕을 실현하는 보살이요 불의不義를 개선하는 현자라고 한다.

불교는 반야바라밀로 표현된 큰 깨달음으로 중도 사상을 전개하고 있다. 이를 통해 무지와 무명을 넘어서 인간의 정신을 최고조로 끌어올려 고락을 떠난 평화의 상태에 다다르고자 한다. 더 나아가서 열반, 해탈, 부처에도 집착하지 않는 것이 중도라고 설파한다. 즉 "집착이 없다는 것에 대한 집착도 떠나는 것이 중도이고 반야바라밀이며, 반야의 실상이고 불법이다"(성철 스님 백일법문)라고 중도의 원융무애한 핵심 교리를 밝히고 있다.

이 중도론이 부처가 새벽별을 보면서 정각을 이루어 밝혀낸 진리인 연기緣起의 세계관과 연관되어 있음은 주지의 사실이다. 불법의 핵심 사상인 연기와 중도의 관계는 몸과 마음의 관계와 같다. 모든 만물의 존재 법칙인 연기법과 그 바탕 위에서 고정되지 않고 해탈의 세계로 가는 중中은 서로 일체一體를 이루고 있다. 실제로 연기와 중도는 혼용해서 쓰여진 단어이기도 하다. 중도 연기라고 표현하기도 하고 팔불八佛 중도나 중도 실상이라고도 한다.

이와 같이 불佛의 중도론도 어디에 고정됨이 없는 변화를 모태로 하여 항상 새로움을 추구하는 정신세계였다. 때문에 부처 생전에도 인도의 신분 제도와 여성 비하 세태를 비판하고 신분 제도와 계급을 타파하고자 하였다. 그래서 누구나 정견을 닦아나가면 대자유인이요 아라한이 된다는 가르침이 된다.

특히 초기 불교 경전인 『법구경』을 보면 신분이나 혈통이 아니라 행동에 의해 진정한 브라만이 된다고 혁명적인 선언을 한다. 부처님 말씀으로 간주되는 초기 팔리어 경전에서 그 당시 인도의 관습을 뒤엎어버린 놀라운 혁신적 사상이 수립된다. 이는 인도의 카스트 제도라는 아주 냉엄한 신분 제도를 타파하고 불평등을 해소하는 최초의 일갈一喝이었다. 불가촉不可觸 천민이 복덕을 지으면 최고의 브라만도 될 수 있다는 계급 타파 사상이었다. 그리고 소위 무주상보시라 하여 드러내지 않고 나누는 것을 최고의 덕목으로 하였다. 이러한 불심이 어떤 혁신 사상에 뒤질 수 있을 것인가! 불佛 역시도 최고의 혁신이었고 개혁 사상으로 태동되고 발전되어 왔다.

지금까지 혁신(Innovation)과 개혁을 속성으로 한 유불의 유사성에 대해 언급하였다. 다만 혁신과 개혁이란 말이 혼용되어 쓰일 정도로 의미가 비슷한 단어이지만 약간의 차이는 있다. 개혁은 주로 제도, 관습 등 인간이 사회 속에서 만든 틀을 고친다는 의미가 크다. 반면 혁신은 인간의 정신세계와 인적 구성원의 교체 등 인간 각 개체별 존재에 초점이 맞추어져 있다. 그래서 유儒의 중도는 8조목과 삼강오륜 등 주로 현실 속 제도와 관습의 변화를 바라는 개혁적 요소가 많다. 반면 불佛의 중도는 정신 수양과 해탈이라는 윤회하는 인간 존재의 변화를 위한 혁신성에 주목하는 사상이다.

유儒에서는 중도의 길을 가는 개혁의 수단으로 지智, 인仁, 용勇를 강조하여 오륜五倫을 실천하고 칠정七情을 다스리고자 하였다. 각자 살고 있는 처지에 따라 희노애락애오욕인 칠정七情이 생기고 무지와 분노, 갈등과 괴로움이 생긴다. 이러한 칠정이나 견해를 올바르게 하거나 바로잡기 위해서 수신과 극기가 필요하다. 도의 길을 잘 찾아갈 수 있도록 우리가 가진 내면의 보물을 잘 간직하기 위해서 절차탁마가 필요하고 수행과 교육이 필수적이다. 불佛은 계戒, 정定, 혜慧를 강조하여 팔정도를 수행하며 인간의 마음을 혁신하려고 한다.

따라서 유儒에서는 사회 참여와 입신양명에 대한 욕구가 있어 공자 스스로도 요즘의 대법원장과 재상(대리)의 지위에 오른 적도 있었다. 그리고 천명을 받든 정치를 펴고자 15여 년을 여러 나라를 주유周遊하면서 정견政見을 논하게 되었다. 반면 불佛은 소승이든 대승이든 참선과 염불을 위주로 한 정적인 정신 수양 방법을 채택하였다. 그리고 마음 쓰는 법과 정신의 고양을 위한 사상 체계를 수립하였다.

이렇듯 2,500년 전의 동양 전통 사상의 태동기에 개혁과 혁신이라는 천명天命과 연기의 세계관이 확립되었다. 최고의 철학과 사상의 양 수레바퀴가 동양의 역사 속에 전개되어 왔던 것이다. 그래서 유불의 성립 시기와 초기 전개 과정은 상호 독립적이되 불가사의한 영향을 주고 받으며 설명할 수 없는 방식으로 소통된 것이 아닌가 싶다.

중도라는 가치관을 양자兩者가 공히 강조하고 핵심 가치로서 유사하게 설명하고 있는 것을 볼 때 어떤 방식으로든 서로 영향을 주고받았음은 자명하다. 이후 전개 과정에서 보통 그러하듯이 핵심 가치가 변질되고 활용이 변색되어 유불儒佛은 서로 대립하는 형국을 빚게 된다.

특히 우리나라는 조선이 건국 이념으로 성리학을 채택하면서 고려의 숭불 정책과 불교 문화를 억압할 필요가 있었다. 그런 이유로 인해 유불 상호 간의 대립과 차이가 큰 것처럼 인식되었다. 하지만 양자의 핵심 교리인 중도는 매우 유사하여 사상의 성립 초기에 서로 영향을 주고받은 흔적이 뚜렷하다. 필자는 이런 유사성에 주목하며 동시에 양자가 가진 개혁과 혁신 사상의 회복과 발현에 관심을 집중하려고 한다.

면면히 흘러온 우리의 역사 속 지식과 문화의 원천인 유불儒佛에 대한 현대인의 생각은 일천하기 그지없다. 더구나 "19~20세기 중심으로 떠오른 근대 유럽과 쇠퇴한 아시아를 비교하는 연구는 모두 유럽 중심이었다. 경제와 사회, 정치의 모든 연구 경향이 동아시아의 역사를 실패했다고 규정했다. 서양 세력에 의해 영향을 받은 20세기 역사를 근대화가 성공한 역사로 조명하는 편견을 갖게 했다."(전성호 저著, 『조선 시대 호남의 회계 문화』 참조)

그런 상태에서 마치 서양 사상이 구세주인 것처럼 생각되는 것은 어쩌면 당연한 것인지도 모른다. 서양의 근대 사상과 과학 문명이 이룬 성과는 찬란한 것이긴 하지만 그것이 우리의 2,500년의 사상과 맞바꿀 수 있는 것일까? 도무지 저울로 달아서 평가될 상대가 되지 못한다고 주장하고 싶다.

오히려 "유럽이 근대 자유 시장 경제를 열어 나가던 17~18세기에 유럽 근대 계몽주의 사상은 동아시아 유교 사상에 깊은 영향을 받았다고 한다. 당시 유럽의 예수회란 지식인 세계에서 유학 사상을 적극적으로 받아들였다. 그들은 유학 사상이 관념이 아니라 도덕적 실천을 강조하고 사회 개혁에 반영하는 합리주의라고 생각하였기 때문이다. 특히 유학 사상의 숭배자는 프랑스 볼테르를 비롯하여 독일의 라이프니츠, 영국의 아담 스미스 등 자유주의자들이었다. 결국은 유럽 중농주의 경제학과 고전학파 경제학도 그들 이론에 적용을 하게 된다. 그것은 도덕성을 갖춘 유학 사상이 자신들의 근대 국가를 건립하는 이상적 모델로 생각했기 때문이다."(전성호 저著, 『조선 시대 호남의 회계 문화』 참조)

유학 사상이 유럽 민주주의와 경제학 형성에 기여를 하였다는 사실은 사상과 정신사의 교류를 다시 살펴보게 한다. 유불 사상의 상호 견제와 교류는 사상 발전의 자극제였다. 그런데 유럽 근대 계몽주의자들에게 심대한 영향을 미쳤던 유학 사상은 우리의 현재 속에서는 쇠퇴하였다. 이렇게 퇴조하게 된 원인은 매우 일방적이면서도 심각한 역사 속 왜곡과 우여곡절이 있었다. 그것은 우리 스스로의 자주성을 상실한 결과일 것이다.

원인 제공은 외세 의존과 신문물 찬양론자들의 역사적 농간으로부터 야기되었다. 그래서 역사적으로 면면했던 삶의 기초가 흔들렸으며 정신적 훼손을 당하였다. 그러면서 모든 의타적이고 비자립적인 사고를 가진 사람들이 유리한 위치를 점하였다. 그것은 일제 식민사관이며 수구 냉전주의라는 기득권을 만들고만 것이다. 따라서 동양 정신의 회복은 우리의 자주권을 회복하는 것이며 정신 문화의 우수성과 고결함을 다시 수립하는 역사적 과제이다.

먼저 이러한 주장의 선결 과제는 우리의 전통 사상을 부활시켜 민주 제도의 한계를 극복하는 것으로부터 출발하고자 한다. 빛나는 정신세계와 진리를 확립하고도 현대에 이르러 서양 문물에 밀려 뒷방 신세를 지고 있어서는 안 된다. 다시 안방을 차지하고 잘못된, 편벽된 견해가 횡행하지 않도록 자주적인 내적 성취를 높여야 할 때이다. 우리 동양에서 이를 전통으로 수립 계승하였던 바 수신과 극기, 교教, 호학好學을 강조한 이유이다.

다시금 시대를 관통하는 유불儒佛의 개혁성, 혁신성이 민주 제도의 단점을 고치고 보완하는 선진 사상으로 자리매김되어야 한다. 다만 중도의 입장에서 동양 사상만을 강조하는 것이 아니라, 서양 문명에 대해서도 중도적 시각으로 바라볼 필요가 있다. 이런 의미에서 여전히 주主는 중도와 연기임을 우리 모두 주지하고 있어야 함이 도리道理이다.

유불儒佛의 아레테이아 = 中

앞 장에서 개혁과 혁신은 중中 속에 있다고 피력하였다. 중中 속에 본성과 도리가 있고 만물이 생육하는 모든 조건이 구비되어 있음을 살펴보았다. 그 안에 지극한 법칙이며 당연한 이치가 들어 있다고 하였다. 이를 토대로 익히고 배워 나가면 사회 속에서 역할을 하는 진정한 실천인으로 성장할 수 있다고 생각한다. 더 나아가 이상적 인간형인 군자, 아라한의 품격을 갖추어서 인간에 내재되어 있는 존엄성을 실현할 수가 있다는 점도 강조하였다.

우리의 전통 사상인 유불은 위대하고 정밀한 가치를 지니면서도 일상생활에서 지킬 수 있는 평범한 생각이기도 하다. 그리고 치우치지 않는 자세를 가다듬게 하고 만물과의 조화로움을 유지하는 길이다. 그러므로 수신과 극기를 나날이 거듭하면 중中에 이를 수 있다. 이렇게 인간이 균형을 잡는다면 적어도 우리 지구와 사회는 지속적으로 아름답고 살 만한 곳이다.

매일 반복되는 아침 인사나 식사 예절 등 소소한 것에서부터 사회와 국가, 인류에 필요한 존재가 되기까지 갖추어야 할 덕목은 중도라고 동양 정신은 지목하고 있다. 이토록 유불 양쪽에서 공히 핵심 사상이 된 중中을 더욱 깊이 살펴보고자 한다.

앞에서는 중中을 천하의 근본이며 어디에도 치우친 바 없는 것이기에 혁신의 요체라고 설명하였다. 이에 더 나아가 중中 속에 내포된 유불의 속성과 전개 과정을 보면 다음과 같다.

첫째, 불佛에서는 중中을 제외하고는 불교가 성립될 수 없다고 단정하고 있다. 부처는 양변을 버린 중도를 깨닫고 올바른 깨우침을 이루었다고 선언하였다. 바로 삼라만상이 중도 연기임을 최초로 전해 주었다. 부처가 우주의 근본 원리를 깨우쳐서 세운 사상이 중도 연기이다. 종교든 철학이든 모든 사변을 통섭하며 상대적인 차별을 버리거나 뛰어넘는 융합된 사상을 압축한 단어로 해석하고 있다.

둘째, 유儒에서는 중中을 치우친 바 없는 평상한 이치이니 성性의 덕德이라 칭하고 있다. 연이어 공자는 천리天理의 당연함이 행해지지 못함은 중中이 없기 때문이니 중을 회복하라고 역설하고 있다. 공자는 유儒의 이상향인 순舜임금을 악을 숨겨주고 선을 드러내어 두 끝을 잡고 중中을 민民에 적용한 황제라고 소개한다. 순임금의 예를 들면서 중中이란 최고의 지혜요 최선의 덕목임을 상세하게 가르쳐주고 있다.

셋째, 유불儒佛 공히 중도를 말하기 때문에 초기 불교와 유교에서 사상의 교류가 있지 않았나 싶을 정도로 유사함을 볼 수 있다. 그러나 시조始祖인 부처와 공자는 활동 시기가 달라 서로 영향을 주고 받지 않고 독창적으로 중도를 열었기에 인류의 위대한 스승의 지위를 얻은 것으로 여겨진다.

넷째, 세상의 근본 법칙을 독창적이고 창조적으로 밝혀낸 양쪽은 이후 뼈대를 세우면서 동양 사상의 종주宗主라는 자부심을 건 상호 대립의 길로 들어서게 된다. 중中에 대한 근본 이해가 비슷함에도 불구하고 상대방에 대한 폄하와 훼손을 통하여 중도 사상의 종가宗家를 차지하고자 역사 속에서 부단히 대립한다.

이렇게 초기 중中의 성립과 완성, 그리고 전개 과정을 간략히 살펴보았다. 유불의 세상을 바라보는 사상과 본질 정립이란 위대한 탄생은 시간상으로 100년쯤 차이가 난다. 하지만 거의 동시대에 전개되었다는데 경이로움과 동양인으로서 자부심을 갖게 한다. 그 정신은 초기에는 종주宗主가 현존하기 때문에 변색될 수 없는 영향력이 행사되었다. 공자와 부처가 직접 가르친 제자들이 실존할 때까지 유지된다. 공자의 손자인 자사와 맹자까지 그리고 부처의 제자들이 모여 경전을 정리한 1차 결집 때까지는 고유의 중도 정신이 유지되었다. 그러나 공자, 부처 사후 한 3~400년쯤 이후부터는 사상의 핵심에 자기중심적인 논리가 끼어들었다. 이후 중국에 불교 논리가 건너오면서부터 상호 비판적인 입장을 갖게 되었을 것이다. 이러한 양상은 어쩌면 사상의 발전 과정에서 당연한 것일지도 모른다. 다만 진실을 가진 중도라는 공통된 견해에 대한 상호 견제와 비판이기에 다소 본질을 벗어남이 문제라고 생각된다.

유儒는 불佛을 현실 참여나 실천적 도가 없는 화려한 겉치장 껍데기 도라고 비판한다. 반면 불은 유를 단지 인간사에 초점을 맞춘 미

완성이면서 모자란 도라고 폄하한다. 중中의 성립 초기에는 이러한 대립 양상이 있을 수 없는 것이었지만 시간이 지나면서 차이를 드러내고 갈등을 빚게 되었다.

이렇게 수많은 학자와 지식인들이 첩첩히 연구하고 계승한 사상이지만 처음 시초의 중中을 온전히 지켜내지는 못했다는 생각이 든다.

현재도 일반적으로 중中을 가운데로 생각하고 이를 기점으로 좌우, 진보, 보수가 갈린다고 생각하듯이 어떤 오해와 잘못된 해석이 존재한다.

중中은 가운데가 아니라 우주 전체이다. 중은 좌우상하 어디에도 있고 진보, 보수에도 다 있다. 동시에 다 없을 수 있다. 올바르면 있고 아니면 없다. 중은 생명이 있든 없든 다 관통한다. 중은 평범과 비범성을 동시에 가지고 있다. 그래서 경이롭지만 당연한 것이기도 하다. 중의 이러한 속성은 정도正道요 성덕性德이기에 가능하다.

중은 또 다른 특징을 가지고 있는데 극極, 태太, 화和, 선미미善美味이다.

첫째, 극極을 담고 있다. 극은 법이나 표준구標準矩의 의미이다. 중용의 머리말에 "성신聖神이 하늘의 뜻을 이어 극을 세우니 도道의 유래가 있었다." 요堯임금이 순舜에게 위位를 선양하면서 윤집궐중允集厥中하라 "진실로 그 중을 잡는데 집중하라"는 단 한 마디를 남겼다고 한다. 또 순舜임금은 우禹에게 선양하며 "인심은 위태롭고 도는 은미隱微하니 정성精性하여 중을 잡으라"고 가르쳤다.

성인聖人과 신인神人은 천지를 바로 세우고 만물을 생육하여 인간과 일체를 이루는 이치를 밝힌 분들이다. 이분들이 극極을 세우니 중中을 잡았다는 설명이다.

또한 『대학』에는 격물치지格物致知란 말이 있다. 사물의 이치를 온전히 알려면 지극함에 이르러야 함을 『대학』 팔조목八條目에 담았다.

중中은 인간이 본래 가지고 있는 성性인 천명을 온전히 알게 하고 모든 이치를 깨우쳐야 도달된다. 극極은 어떤 도달 목표가 아니라 중을 달성하기 위한 성의와 노력을 담은 것이라 할 수 있다. 극은 지智, 신信, 애愛, 선善, 인仁의 엑기스를 의미한다. 그런 의미에서 이상향을 실현하기 위한 제도나 도구인 법法, 구矩라는 의미를 가진다.

천명은 만인, 만물과 조화를 이루는 자연의 속성을 담지한 인간에게 극을 세워 중을 잡으라는 사상이다. 더할 나위 없는 지극한 인간애를 지닌 메시지이자 배려이다. 그 속에 중이 면면히 흐르고 있기 때문에 누구나 군자, 아라한이 될 수 있다고 한다.

지구에는 북극과 남극이 있어 양쪽 끝이나 최고치에 이르는 표현을 극치라고 표현한다. 따라서 중中에 극단이 있다면 이미 중中에는 극치가 있어야 하고 남북극이 다 있는 것이며 우주의 중심과 끝이 다 포함되어 있는 개념이다. 극단과 극치가 포함되어 있으니 양변을 여읜 것이며 양단이 순화된 것이다. 중中 안에 모든 생각, 만물의 이치가 녹아 있으니 중中은 현실 그 자체이기도 하고 현실을 관장하는 법칙이기도 하다. 모든 만물은 중中안에서 자유롭다. 중中 바깥에 있을 수 없다. 도를 잠시도 떠날 수 없다는 말과 같은 뜻이 된다.

둘째, 중中은 태太이다. 앞에서 언급된 것이긴 하나 중中은 모든 극사방팔방의 극단을 다 포함하고 있다. 중中안에 우주가 다 들어와 있다. 우주가 중中이면서 중中이 우주인 것이다. 성리학에서 천지와 만물이 본래 나와 일체라고 하는 까닭도 여기에 있다. 실재하는 우주와 그에 걸맞는 중中 사상이 크기가 같다. 우주와 내가 일체라는 것은 내가 곧 천天이요 하느님임을 천명하는 위대한 사상이기도 하다. 이를 통해 동학에서 인내천 사상을 전파하고 역성혁명을 하고자 한 토대가 성립되었다.

본래 중中 사상에 들어 있는 태太는 온 세상만큼 위대한 인간과 그만큼 소중한 만물과의 평등한 크기를 의미한다. 단순히 크다, 넓다는 의미가 아니라 인간을 포함하여 온 세상이 소중하다. 그중에서 인간이 해야 할 도리를 다해야 함을 자각하자는 사상이다. 이럴 때 그 마음은 태太 그 자체이다. 인간의 역할을 크게 생각해야 올바른 것이기 때문이다.

셋째, 중中 속에 화和가 있다. 화는 세상에 도道가 달성되었다는 뜻이요 만물이 잘 생육되는 조건이다. 도가 달성되고 만물이 잘 자라려면 모든 조건이 맞아 떨어져야 한다. 생명 하나하나가 태어날 때는 습도, 온도, 시기가 적당해야 한다. 물, 바람, 공기, 햇빛이 적당해야 만물이 성장하며 꽃을 피운다. 이렇듯 모든 조건이 구비되고 서로 평화롭게 작용해야 도가 이루어진다. 더구나 사방팔방의 극과 극단, 극치가 혼재 혼융된 상태의 중中 안에는 화和가 필수적이다.

극단들이 서로 부딪치고 혼합해서 존재하기 때문에 중中 안에 들어갈 수가 있다. 혼융되고 조화롭지 않다면 존재할 수가 없다. 서로 모순, 대립하는 것이 현실에서 존재하는 이유이기도 하다. 그렇게 모순된 것처럼 존재하지만 세상은 그것들이 있기 때문에 실재하는 것이기도 하다. 이것들이 대립되고 배척하는 것 같지만 세상에 존재하기 위해서는 그 근본은 서로 혼용되고 조화를 이루고 있기에 가능하다.

낮과 밤, 햇빛과 그늘, 양지 식물 음지 식물과 선한 이와 악한 이가 서로 어울려 있는 것이 현실 세계이다. 중中 속에 화和의 조건이 없다면 현실 세계는 이루어질 수 없다. 우리가 흔히 환경, 생태 보호를 통하여 자연에 해를 가하지 말자는 것의 근본 이치는 존재의 생멸 조건인 화를 어기지 말자는 데 있다. 소위 지속 가능한 환경과 지구를 만들자는 말도 조화로운 화를 깨지 말라는 말이다. 화和를 어기는 순간 생명의 조건이 불안하여 위태로워지기 때문이다. 그래서 공자는 "군자는 화이부동和而不同"(『논어』 「자로편」) 군자가 중을 지키려면 화和해야지 편을 가르는 동同에 치중한다면 본질을 거스르기 때문에 이를 경계한다.

넷째, 중中 속에는 선미미善美味가 있다. 앞의 극, 태, 화는 중中의 본질과 성性에 해당되는 것이며 절대적인 것들인 반면 선미미는 상대적인 요소들이다. 중中 속에는 절대적인 것과 상대적인 요소가 서로 혼용되어 있기에 중中이다.

『대학』의 강령에 지선至善이란 철자가 있다. 이 지선이란 의미는 착하다, 순하다란 뜻이 아니라 절차탁마, 수신, 극기, 사물의 최대 역할에 이르러야 한다는 뜻이다. 인간이 인간답고 꽃이 꽃다와야 한다는 것인데 인간같지 않거나 꽃답지 않을 때 선善하지 않다.

중中은 모든 만물이 제 역할을 하도록 돕는다는 의미이며 기대고 의지할 언덕이기도 하다. 다만 자연에는 독소도 존재하며 인간에게 위협적인 자연재해도 있다. 이 또한 자연스런 중中의 역할이지만 상대적으로 인간에게는 도움이 되진 않는다. 봄엔 꽃이 피고 여름은 뜨겁고 가을 낙엽에 쓸쓸하고 겨울은 살을 에이게 추워야 선善이다. 그러면 그런 계절은 아름답다. 시원한 물은 선하면서 아름답다. 푸른 하늘과 깨끗한 공기는 아름답기에 지선至善하다고 한다.

인간이 인간다울 때 미적 감흥이 발휘된다. 음악과 미술 등 예술활동은 인간이 담고 있는 성정性情의 표현이다. 때에 맞추어 정신과 심기를 담아 표현한 것이니 그 상황에 맞는 역할에 이르러 탄생하면 아름답다. 때문에 지선에 이르지 못한 작품을 걸작이라고 하지 않으니 지극한 아름다움을 얻기란 쉽지 않다. 이것을 도와주는 것이 중中이니 어찌 아름다움을 빚어내거나 창작하기 위해서 절차탁마, 수신하지 않을 것인지!

만물이 최대한 역할을 하도록 도와주고 아름다움을 뽐내게 하는 과정은 미味에 있다. 달콤하기도 하고 씁쓸하기도 한 맛이다. 월왕 구천이 문지방에 걸어놓고 오가며 씹은 쓸개 맛도 있고 새신랑 신부가 허니문을 떠나는 달콤함도 있다. 첫 아기를 얻은 기쁨의 맛과 사랑하는 부모, 가족을 여읜 슬픔도 있다.

이러한 모든 미味가 중中 속에 포함되어 있다. 이 맛이 없으면 호학하고 수신하는 맛이 적어 중中을 지키고 절차탁마할 기운이 적어

진다. 『논어』와 『대학』에서는 호색好色하듯이 호학好學하라고까지
표현한다. 색의 맛이 본능이라 끈질긴 것처럼 군자의 중도 중中을
지키는 길에서 맛을 보라는 비유이다.

　위와 같이 중中에 내포한 요소들에 대해 살펴보았다. 일반적으로
중中을 가운데 중간中間이라 인식하여 어떤 길이나 넓이의 가운데로
인식하기 쉽다. 실제로 그렇게 쓰여지기 때문에 중도라고 하면 가운
데 길인 중도中途라 생각한다. 우리의 동양 사상인 중도中道와는 달
라도 한참 다른 생각이다. 이런 몰이해가 존재하는 것은 다 동양 철
학자, 사상가들의 잘못이라고 본다. 그동안 시대를 풍미하는 패자는
있어도 군자가 적었다는 상황을 나타내 준 것 같다. 중은 가운데 중
이 아니라 진리의 중中, 우주 중심의 중中이다.

　유불儒佛은 아시아권에서 시작된 사상이면서 오랜 역사 속에서
여전히 우리 안에 잠재하고 있는 동양 문화의 중심축이다. 우리나라
는 두 사상의 전통 위에서 문화가 형성 발전되어 왔고 인격이 완성
되어 왔다. 만물이 도를 떠날 수 없듯이 동양인이면 두 사상의 영향
권을 벗어날 수 없다고 생각한다.

　서구 문명의 찬란함이 아무리 그럴싸해도 포장지가 내용을 바꿀
수는 없다. 서구 문명은 그 혜택이 제한적인 장밋빛 환상이다. 21세
기가 어느덧 20년 넘게 지나가는 상황에서도 갈등과 대립, 빈부 격
차, 낙후된 지역의 가난과 기아가 심화되는 것이 반증이다. 더불어
과학 기술 문화와 물질 문명이 발전하면서 우리의 전통을 지키기가
매우 어려워 졌다.

유구한 동양의 역사를 계승하고 유불 사상의 요체인 중도 사상을 다듬어야 한다. 현대 사회의 문제를 치유할 정신이 우리 동양 정신에 녹아 있다. 이제라도 중中에 대한 올바른 인식으로 동양 사상의 위대함을 바로 세워 현대 문명을 책임지는 자세가 필요하다. 그래서 불평등과 양극화가 없는 무릉도원, 극락세계를 현실에서 지향하고 실현해 가는 것이 진리이며 바른 삶이라고 생각한다.

유불^{儒佛}의 멋과 즐거움

"아침에 도를 들으면 저녁에 죽어도 좋다. 조문도 석사가의^{朝聞道}^{夕死可矣}"(『논어』 「이인편」)

어쩌면 폼생폼사와 같은 유행어처럼 들린다. 요즘 인생 뭐 있어 폼 나게 살다 가는 거야 하면서 유독 멋을 강조하는 청년들이 많다. 이들이 표현하는 폼생폼사란 '기죽고 살지말자', '내 개성대로 살아가리라'부터 옷, 가방 등 생필품에 럭셔리하고 명품을 두른 것을 뜻하기도 한다. 주로 겉멋에 해당하는 수준에서 나온 신조어이다. 하지만 진짜 멋과는 거리가 있다. '조문도 석사가의'라고 말하는 공자야 말로 진짜 폼생폼사가 아닌가 싶다. 그만큼 도^道에 심취해 있으면 누구나 꺼려하는 죽음조차도 도의 성취를 방해할 수 없다는 결의가 가득하다.

죽음조차 뛰어넘을 수 있는 도의 세계란 어떤 것일지 상상해 본다. 진정한 멋이란 도리를 닦아 나가는 데 있으며 외물^{外物}에 좌우됨이 없다. 도를 잠시도 떠날 수 없다는 유학의 천명 사상과 모두가 부처라는 중도 연기 사상에 입각해서 현대적인 도의 세계를 다음과 같이 그려보고자 한다.

첫째는 만인이 평등한 민주 사회일 것이다. 누구나 사람은 하늘이 부여한 존엄성을 담지하고 있음이다.

둘째는 약자를 배려하는 돈독한 사회일 것이다. 서로가 내 생명의 은인이요 조건이라는 덕성을 갖추었기에 가능하다.

셋째는 선의를 좋아하고 악을 멀리하는 세계이다. 수신과 극기를 통하여 정도를 걷고자 함이다.

넷째는 다툼을 싫어하고 화합할 줄 아는 정신세계이다. 기소불욕 물시어인己所不欲 勿施於人, 역지사지易地思之하는 참된 자세이다.

다섯째는 자신에겐 엄격하고 타인에겐 아량과 덕을 베푸는 세계이다. 홀로 신독愼獨하며 불환인지부기지不患人知不己知 환부지인야患不知人也란 인격이 넘쳐야 한다.

여섯째는 서로 칭찬하며 남 탓하지 않는 품격이 넘쳐난다. 자신이 잘한 것을 자랑하지 않고 공로를 과시하지 않는 성숙함이 있다.

일곱째는 선의의 경쟁을 좋아하고 페어플레이를 한다. 군자는 무소쟁無所爭이나 필야사호必也射乎 읍양이승揖讓以升 하이음下而飮이라. 즉 다투는 바가 없으나 반드시 활 쏘는 경쟁을 하면 예를 차리고 경기에 최선으로 임한다.

이외에도 도의 세계는 무궁무진한 선과 덕이 들어 있어 햇빛이 온 세상을 비추듯이 미치지 않는 바가 없다. 그렇다면 그 속에는 반드시 즐거움이 있다. 이미 공자는 "도를 아는 자는 좋아하는 자만 못하고 좋아하는 자는 즐기는 자만 못하다. 지지자知之者 불여호지자不

如好之者 호지자好之者 불여락지자不如樂之者"(『논어』「옹야편」)라고 운을 떼고 있다. 요즘에도 어떤 일의 성취도를 점검할 때 좋아하는 것보다 즐기는 것이 더 높은 경지라고 흔히들 말하는 것과 같다. 현 세태에서 회자되는 것들이 2,500년 전의 가르침으로 이미 정리되어 있으니 전통의 깊이는 가늠하기 어렵다.

유儒의 멋과 즐거움은 "지어도志於道 거어덕據於德 의어인依於仁 유어예遊於藝"(『논어』「술이편」) 속에 있다. 도에 뜻을 두고 덕에 거처하며 인에 의지하고 예술에 심취하는 것이다. 특히 현대적 의미의 멋과 즐거움은 예藝에 노니는 상황을 상상하면 이해가 빠를 수 있다.

옛날의 선비들이 시서화詩書畵에 능한 것은 예藝 속에 묻히고 싶어서 닦은 자질이었다. 반대로 현대적 의미의 멋은 모양 패션 등 외물과 관련된 디자인, 폼과 연관이 깊다. 현대인들은 물질 문명의 발달로 인해 자신의 내면보다는 외물에 정신을 쏟는 문제점이 드러난다. 그래서 멋의 본질에 다가서기가 어려운 것이 아닌가 싶다.

진정한 멋이란 무엇인가? 앞에서 언급하였지만 도에 뜻을 두고 예藝에 능한 것이라고 우리의 고유한 전통 문화가 알려주고 있다. 특히 예는 여섯 가지(육예六藝인 예藝, 악樂, 사射, 어御, 서書, 수數)인 바 지식과 음악, 스포츠를 망라하여 이를 즐기는 것이 멋이라고 정의定意한다. 그러므로 현대인들이 이해하는 멋과 전통적으로 계승되어 온 멋의 차이는 땅과 하늘만큼 현격하다고 할 수 있다.

한 가지 예를 들면 공자는 "음악에 심취하여 3개월이나 음식 맛을 알지 못했다"(『논어』「술이편」)고 한다. 요즘에 아이돌 그룹에 청소년들이 빠져드는 양상에 버금가는 몰입을 보여준다. 공자의 멋은 도道에 기초하여 예藝에 거처하기에 마치 물고기가 물과 어울려 사는 것과 같다. 하늘을 비상하는 새의 자유로움이 이 광경 속에 있다.

멋을 겉멋과 속멋으로 나눈다고 할 때 현대는 겉멋을 강조하는 것 같고 전통은 속멋을 우선하는 차이가 있다. 양수겹장이라 겉, 속멋이 동시에 있으면 좋겠지만 양면을 구비하기가 쉽지는 않다. 내면의 멋을 내는 사람은 겉멋을 즐기지 않을 것이며, 겉멋에 익숙한 사람이 성찰과 사유思惟에 적합하지 않을 것이기 때문이다.

그런데 공자는 "질승문칙야質勝文則野 문승질칙사文勝質則史 문질빈비文質彬彬 연후然後군자君子"(논어 옹야편)라고 겉멋과 속멋의 상관관계를 정리한다. 속멋이 아름다운 외관보다 너무 수승하면 촌스럽다. 겉멋이 본질을 이기면 겉치레이니 문과 질이 적당하게 배합되어야 군자라는 뜻이다. 촌스러움이 겉치레보다는 나은 것이겠지만 멋을 진정하게 구현하는 군자란 겉멋조차 무시하지 않고 염두에 둔다는 의미이다.

더 나아가 우리가 흔히 알고 있는 지자요수知者樂水 인자요산仁者樂山이라는 명구名句는 진정한 인간의 멋을 담고 있다. 지자知者, 인자仁者를 통틀어 군자의 덕목을 가진 이들은 주변 세계를 낙관적으로 즐긴다는 깨달음을 전해 준다. 훗날 불佛의 성철 스님이 "산은 산이요, 물은 물이로다"라고 말씀한 것과 같은 의미라고 할 수 있다. 주변을 있는 그대로 여기고 느낀다는 것은 존재의 소중함을 다시 한 번 강조한 것이기도 하다. 이와 같은 자세가 멋이요 즐거움이라고 생각한다. 이런 말의 본뜻이 깊어서 헤아리기 쉽지는 않다. 그러나 많은 사람들에게 회자되는 중이다.

공자의 진짜 폼생폼사는 학문의 길에서 더욱 뚜렷하게 드러난다. 어쩌면 자극적인 가르침을 동원해서라도 배우고자 애써야 함을 강조한 내용이기도 하다. "호학好學하기를 호색好色하듯이 하여라"(『대학』) 매우 짜릿한 말씀이다. 남녀 가리지 않고 이성에 대한 관심과 사랑을 싫어할 이는 없다. 그래서 거의 학문 좋아하는 것을 본능처럼 해야 한다고 강조하고 있다.

그러면서 "조그만 마을에 나와 비슷하게 충신한 사람은 있을지라도 전 세계에서 나처럼 호학하는 이는 없을 것이다"(『논어』「공야장편」)라고 일갈한다. 성인인 공자가 공부에 관해서는 천하제일이라고 자랑한다. 군자는 제 공로를 자랑하지 않는 성인聖人인데 이를 어기면서까지 강조한다. 학문의 세계에서 공자는 모든 사람들에게 양보가 없는 것이다. 그만큼 공부의 중요성을 깨닫게 하고 절차탁마시키려는 공자의 애학주의를 다시 한 번 느끼게 한다.

이렇듯 멋과 즐거움이란 어디에도 치우치지 않는 군자의 멋스러움에서 진정한 맛을 느끼게 한다. 멋에는 덕과 사랑이 녹아 있으며 아름다움이 드러나게 된다. 주변을 인정해야 하고 함께 즐거움을 찾을 때 뛰어난 멋의 세계를 구가할 수 있겠다.

"연비어약鳶飛魚躍"(『시경』)이라 솔개가 날고 물고기가 뛰논다는 평상의 이치에 그 멋과 자유로움이 있다. 만물의 자유로움은 천하의 도가 실현되는 순간이며 중도가 지켜지는 현상이다. 모든 만물은 처해 있는 상황과 위치에서 주인공이 되어야 한다. 그리고 자연의 이치가 혼융된 조화로운 존재들일 때 진정한 자유를 얻을 수 있다. 상대적 불평등과 부조화가 사라진 곳에 꽃이 피어난다.

불佛에서는 선善을 닦으라고 한다. 완전한 자유인이 되기 위해서 참선을 하는 것은 무언가 그 나름대로 멋이 있다. 가부좌를 틀고 지긋이 눈을 내리깔고 조용한 침묵 속에 자신을 관觀하는 모습은 무無와 공空이 되고자 함이며 주변과 혼연일체를 이루고자 함이다. 모든 조건이 맞아 떨어져 생긴 나란 물건을 내려놓으려는 일념이 완성될 때는 굉장한 희열을 느낀다고 한다. 행복과 즐거움을 구가하는 또 하나의 방식이다.

공자도 "아도我道는 일이관지一以貫之"(『논어』「이인편」)라고 말한다. 천명의 뜻이 담긴 인간의 본성을 실현하는 것은 중도 연기의 철학이며 조화와 융화된 자유로움이다. 거칠 것이 없으며 제한된 협소함이 없다. 이런 멋을 인식한다면 군자도 되며 인자仁者도 된다. "인자仁者 기욕립이립인己欲立而立人 기욕달이달인己欲達而達人"(『논어』「옹야편」)이다. 자신이 서고자 함에 남도 서게 하며 자신이 통달하고자 함에 타인도 통달하게 한다. 멋이란 개인적인 것도 있지만 뭇사람들과 같이할 때 빛을 발하게 된다.

함께하는 덕성은 지도자의 자질이기도 하다. 인자仁者는 천지와 만물을 한 몸으로 여기며 자기와 일체임을 인식하여 일이관지一以貫之한다. 사욕邪慾을 이기고 천리天理의 도리를 실현한다. 여기에 이르러서야 비로소 멋과 즐거움의 최고봉에 다다를 수 있다.

흔히들 소박한 멋과 화려한 멋을 말할 수 있다. 그것을 훌쩍 뛰어넘는 멋은 동양의 멋이다. 그것도 수천 년 이어온 전통의 멋이다. 그러나 우리는 역사 속에서 면면히 흘러와 켜켜이 쌓인 내면의 보물을 망각한 채 겉멋을 추구하고 있다. 왜냐하면 내면의 멋을 캐내려면 매우 수고스럽기 때문이다. 그래서 사리私利에 밝은 인간은 진정한 멋을 내기가 어렵다는 측면이 존재한다.

때문에 현대인들은 스스로 진정한 멋을 내기가 지난하다. 그러나 공자는 "인원호재仁遠乎哉 아욕인사인지의我欲人斯仁至矣"(『논어』「술이편」). 인仁은 멀리 있지 않다. 내가 인하고자 한다면 당장 인에 이른다라는 가르침을 일러준다. 이 뜻은 인간이란 본래 인을 갖추고 멋을 가진 존재이니 진정한 인, 멋에 도달하는 것이 어렵지 않다는 뜻이다. 마치 도道를 잠시도 떠날 수 없으니 떠날 수 있으면 도가 아니라는 말과 같다. 진정한 멋을 항상 구현할 수 있다고 우리에게 자신감을 심어주고 있다.

앞에서도 언급하였지만 좋은 음악을 들으면 3개월간 고기 맛을 잃어버릴 정도로 흥취가 있는 공자이다. 또한 사람들과 노래를 하다가 누군가 노래를 잘하면 반드시 다시 부르게 하고 함께 노래를 불렀다고 한다. 마치 흔히 어울리기 좋아하는 이웃집 아저씨 같은 인물이다. 앙코르의 원조를 『논어』에서 볼 수 있어 재밌다. 이런 공자에게서 멋과 즐거움을 익히지 않는다면 진정으로 행복한 삶을 이루는데 성공하기가 어렵지 않을까 싶다. 2,500년의 전통 역사가 다 멋과 즐거움이다. 우리의 살점이고 뼈대이며 살아가는 의미를 찾게 하여 준다.

한편 불佛에서의 멋스러움은 어디에 있는가? 헤아릴 수 없이 많지만 가장 비근한 것은 문화 유적이다. 깊고 오묘한 절집의 단아함과 청정함, 불상과 탑, 탱화 등 무수한 문화 예술의 보고寶庫를 접할 수 있다. 한국인이라면 종교에 관계없이 절집을 구경하지 못한 사람은 드물다. 불교는 그대로 우리의 문화유산이다. 이러한 문화를 남긴 정신은 종교적 염원 그 이상의 능력과 소양을 겸비해야 가능하다.

불교는 마음을 대상으로 한 정신세계이지만 그 형식은 매우 화려한 겉멋이 지배한다. 중도 연기라는 진리를 발견한 부처를 모시기 위한 정성의 발로는 시간이 지나면서 허례허식화가 심화되었다. 그럴수록 불심佛心의 정수에서 멀어지고 그 정신세계를 좀먹어 갔다. 부처와 수많은 스님들의 멋스러움에 먹칠하는 폐해가 기승을 부릴 무렵 성리학이 대체 사상으로 한반도 역사에 등장한다. 그러나 수많은 문화 유적을 남긴 신심과 반드시 부처가 되겠다는 불佛의 도리에서 알아낸 멋은 여전히 으뜸이다. 이 모두가 우리의 내면을 살찌운 자양분이다.

아름다운 문화 유적을 능가하는 멋있는 장면을 몇가지 소개한다. 선禪 수행이 달마 대사로부터 중국에 전해질 당시 절을 세우고 화려하게 치장하는 불사佛事가 유행이었다. 양나라 무제가 수많은 절을 세운 후 나의 공덕이 얼만큼 되냐고 달마 대사에게 물었다. 달마 왈曰 "무無" 없다고 대답한다. 그리고 소림사로 들어가 9년 면벽 생활을 한다. 달마 대사가 동쪽으로 온 까닭은? 한마디로 무無를 알리려는 것과 다름없다. 불교에서 말하는 간화선이 시작되는 장면이다. 아무튼 절을 세운 공덕이 없을까마는 백성을 괴롭혀 세운 절과 그것을 자랑하는 왕은 더 이상 덕이 없다는 깨달음이다. 오히려 공덕이 없다고 일갈하고 떠나는 초조初祖 달마의 정신에서 탐욕을 걷어낸 최고의 아름다움을 볼 수 있다.

불가佛家의 큰 스님 중에 최고의 깨달음을 얻는 멋진 장면이 전해져 온다. 선을 닦기 위해 마조 도일 스님이 좌선하고 있다. 남악 회양 스님이 묻는다. "무얼하려고 좌선을 합니까?" 마조 도일 답答 "부처가 되려구요." 어느날 회양 스님이 도일 스님 방 앞에서 기왓장을 돌로 갈고 있었다. "무얼하려고 기왓장을 갈고 있습니까?" 하고 묻자 "거울을 만들려고 합니다" 하니 도일 스님이 "기왓장을 갈아서 어찌 거울을 만들 수 있습니까?" 되물으니 "좌선을 해서 어찌 부처가 될 수 있겠습니까?"라고 반문한다. 부처를 찾고자 좌선만 고집하면 영원히 이룰 수 없다는 가르침을 그럴싸하게 전해주는 장면이다.

도일 스님의 제자 중에 백장 회해 스님이란 분이 있다. 현 불교의 틀을 세운 분인데 백장청규가 유명하다. 백장 스님은 연세가 많아도 늘 밭에 나가 일을 했다. 제자들이 노스님의 일하는 모습이 민망하여 도구를 감춰 버렸다. 연장을 찾지 못한 스님은 하루 종일 방문을 걸어 잠그고 식사도 들지 않았다. 여기서 유명한 교훈이 나온다. '일일부작一日不作 일일불식一日不食' 하루 일하지 않으면 하루 먹지 않는다. 멋드러진 가르침을 남기는 장면이다.

달마 - 일위도강도

위와 같은 장면은 부처 살아 생전에 제자인 가섭에게 전해주는 교외별전敎外別傳의 전통과 맥이 닿아 있다. 부처가 많은 제자들과 대중들에게 강연을 하던 중 연꽃 하나를 들어 보인다. 대부분 그 뜻이 무엇인지 모를 때 유독 가섭 제자만이 미소 짓고 부처의 가르침을 깨닫는다. 이 장면은 이심전심의 도리를 말할 때 자주 인용하게 된다. 마음에서 마음을 전한 정신세계의 핵심은 다름 아닌 중도 연기의 세계관이었다. 그러한 깨달음을 말로 한 것이 아니라 마음으로 전한 것이니 두고두고 멋진 순간의 하나로 소개되고 있다.

"무소의 뿔처럼 혼자서 가라 … (중략) … 물속의 고기가 그물을 찢듯이 한번 불타버린 곳에는 다시 불이 붙지 않듯이 모든 번뇌의 매듭을 끊어 버리고 무소의 뿔처럼 혼자서 가라 … (중략) … 자비와 고요와 동정과 해탈과 기쁨을 적당한 때를 따라 익히고 모든 세상을 저버림 없이 무소의 뿔처럼 혼자서 가라 … (중략) … 소리에 놀라지 않는 사자와 같이, 그물에 걸리지 않는 바람과 같이, 흙탕물에 더럽히지 않는 연꽃과 같이 무소의 뿔처럼 혼자서 가라."(『남전대장경』)

우리 동양 정신 안에 온전히 존재하는 것을 믿고 자신감을 가지고 도道를 이루듯이 생활해 가는 속에 참 멋이 들어 있다.

유불儒佛은 둘이 아니다 – 不二論

유불儒佛은 하나가 아니지만 둘도 아니다. 그런데 왜 견원지간처럼 서로를 탐탁하게 여기지 않는 걸까? 여기서 유불이 둘이 아니라는 근거를 몇 가지 밝혀 보고 궁금증을 해소해 보려 한다.

유학儒學에서 "성性은 천명이요 당연지리當然之理이다. 성性은 하늘이 부여한 당연한 이치이니 음양, 좌우, 고저, 남녀 등 만물 본연 그대로의 모습이다. 이를 여실히 드러낸 것이 중도이다"(『중용』)라고 정의한다.

그래서 천지와 만물이 본래 나와 일체이기 때문에 나 자신 마음이 바르고 순해야 천하가 태평하다고 한다. 이에 스스로 수신하고 극기하는 것이 도리와 덕목이니 이를 행하는 이가 군자라고 누누이 강조하고 있다.

이러한 관점은 불佛에서도 그대로 적용된다. 부처는 "선악, 유무, 고락, 생멸 등 여러 양변을 예로 들면서 여래는 이 두 변을 버리고 중도를 바르게 깨닫는다"(초전법륜)라고 정등각 깨달음을 이룬 후 최초로 설법한 자리에서 상대적인 어떤 두 극단에 집착해선 안 된다는 말씀을 설파한다. 그리고 그 가운데에도 집착해선 안 된다는 선언을 하고 있다. 이 초전법륜을 '중도 대선언'이라 한다.

이러한 중도 사상은 일체 만물이 존재하는 법칙인 연기론에 입각한 사상이다. 모든 존재는 서로서로 조건이 만나고 맞아서 생겨났다. 그리고 우주가 존재하는 근본 원리이기 때문에 '중도를 취함이 당연한 것이며 진리이다'라는 외침이다.

이외에도 『중용』에서 "중中은 불편불의不偏不依한 천하지대본이요 불과무급無過不及인 평안한 이치이니 떠날 수 없는 것이다"로 집약 정리하고 있다. 그리고 불교 초전법륜, 중관 사상 등에서는 "중中은 모든 부처님과 보살이 능히 행하는 도道요 근본 원리로서 원융무애한 것이다"로 정리한다. 이렇듯 유불은 표현 방식은 약간 다르지만 세상을 보는 눈과 철학의 핵심은 동일하다고 해도 과언이 아니다.

그러나 이러한 공통점에도 불구하고 표현 방식과 시대와 삶의 방식에서 유불의 차이점이 발생하기 시작한다. 그 차이점의 단초를 먼저 『논어』에서 찾아본다.

"천하지무도야구의天下之無道也久矣 천장이부자위목탁天將以夫子爲木鐸"(『논어』「팔일편」) 천하에 도가 없은 지 오랜데 하늘이 공자를 목탁으로 삼았다. 하늘이 공자를 목탁으로 삼았는데 불교에서는 예불 때 목탁을 늘상 두드리면서 사용한다. 유교에서 보면 문화적으로나 정서적으로 기분이 좋지 않다.

그런데다 수신제가의 입장에서 효를 강조했거늘 머리를 홀딱 깍고 출가를 하는 방식은 이만저만한 불경不敬이 아니다. 그 당시 백성들의 문화적 고정 관념에 크게 어긋난 모습들이다. 이런 틀의 차이에서 비판이 쏟아지기 시작한다. 특히 당나라 시대 융성했던 불교 문화에 대한 비판이 송나라 성리학의 발달과 더불어 시작된다.

그 포문을 연 학자가 주돈이, 정호·정이 형제였으니 주희朱熹의 스승격이다. 성리학을 집대성한 주희의 입장에서 보면 새 시대를 열기 위해서 불교 문화의 화려한 허례허식적인 폐해를 지적해야 했다. 그리고 유학의 뿌리인 공자 이전 시대로 회귀한다. 그곳에서 성리학의 뿌리와 뼈대를 이루는 이론을 동원하게 된다. 먼저 주희는 불佛은 노장老壯보다 더욱 근리近理하니 그 해됨이 심해서 빠져들기가 쉽다는 해석을 내놓는다.

이처럼 송宋 시대를 여는 배경하에 불佛에 대한 비판이 가해지고 유불 사상 간에 차이와 대립이 발생하게 된다. 그 양상은 고려와 조선에서도 유사하게 전개된다. 고려의 불교 문화가 조선의 개국과 함께 지탄의 대상이 되는 것처럼 역사적 흐름에 따라 두 사상 간의 갈등이 발전해 갔다. 급기야 조선에서 불교를 탄압하기에 이르렀고 스님들을 천민으로 격하시켰으니 대립의 골이 깊었다.

역사적으로 볼 때 팔은 안으로 굽듯이 사상의 뼈대를 세우는 과정에서 철학의 바탕은 유사하지만 현실에서는 격차가 발생하게 되었다. 이 역시도 인간들이 이利를 쫓는 속성의 발로가 빚어낸 현실이라 하겠다. 어쨌든 하늘이 부여한 목탁을 불佛에서 차용했다는 해석이 재미난 것이긴 하지만 현실에서는 심각한 고통이 뒤따르게 되었다.

공자의 시대는 춘추 전국이라는 도가 무너진 살기 어려운 정글이었다. 그래서 요순堯舜의 태평성대와 주周의 고급 문화를 동경하게 된다. 공자는 최초로 도리를 정리함으로서 사람이 살 만한 사회를 만들고자 한 성인이다. 그 가르침은 화이부동和而不同한 순수의 진리였지만 시대가 대립을 만들고야 만다.

반대로 불교에서도 유교를 깔보는 시대가 있었다. 불교가 융성할 즈음엔 시대의 강자들, 왕족과 귀족들과 가깝고 혜택을 입을 수가 있었다. 왕족과 가까웠던 불교를 사림 유학자들이 고운 시선으로 볼 수 없는 상황이 전개된다. 이 상황에서 부처가 깨달은 중도 연기를 깨우쳤다는 자부심이 유학자들을 폄하한다. 중도 연기 사상은 일체의 모든 진리이며 우주의 근본 원리이니 유학도 불교에 속한다는 논리로 전개된다. 이에 유학자들이 속을 끓이다가 시대가 변천하면서 성리학이 득세하여 기회를 잡게 된다.

불의 중도나 유의 중도는 말도 같지만 앞에서 언급한 것처럼 매우 닮은 꼴이다. 다만 동전에 앞뒷면이 있듯이, 쌍둥이가 둘이듯이 나누어져 있을 뿐이다. 조금 더 유불의 동일성을 고찰해 보자.

『중용』은 공문孔門의 심법心法이요 요체이다. 중용은 불편불의不偏不依 무과불급無過不及과 평상平常의 합성어이다. 『중용』의 머리말에 주희는 『중용』의 저자 자사子思가 맹자에게 전해준 후 더 이상 전승되지 않다가 정자程子가 천 년의 맥을 다시 이었다고 기술하고 있다.

또한 천 년 동안 성리학의 침체기를 틈타 노老, 불佛이 융성하게 되어 진리를 크게 훼손하였다고 직격탄을 날린다. 그리고 중용을 바로 세워 노, 불의 옳은 것 같은 그름을 배척하고 대의를 밝혀야 한다고 적시하고 있다. 유儒의 발전과 확립에 핵심적으로 기여한 중용은 불佛을 배척하는 사상의 핵심 무기 역할을 하게 된다.

그러나 필자가 보기에는 오히려 불佛과 동일한 관점을 담고 있기에 역사의 아이러니라고 생각한다. 앞에서도 언급하였지만 기득권을 가진 지배적인 사상을 낡고 잘못된 사상으로 밀어내야 할 필요성이 있었다. 그것은 사私를 내든 이利를 좇아가는 것이든 역사 속에서 엄연히 존재하는 현실이기도 하다.

주희朱熹는 불佛의 폐해가 극에 다다를 즈음에 유儒의 새로움과 깊이에 심취하였으니 당연히 성리학을 앞세우게 된다. 중용을 앞세우면서 중용적이지 않은 모습 역시 『중용』을 읽는 맛의 깊이를 더해 준다. 어쨌든 편벽되어 치우치지 않는 평상의 도리를 가르치는 중용의 도는 불佛의 중도 사상에서 즐비하게 나온다.

"부처가 보리수 아래에서 최초 정각을 이루고 탄식하며 말하길 기이하고 기이하다. 모든 중생이 모두 여래와 같은 지혜 덕성이 있건만 분별 망상으로 깨닫지 못하는구나."(『화엄경』)

"사람들이 자기 몸에 성性이 있음은 아나 하늘에서 나온 것은 알지 못하고, 일에 도가 있음은 아나 성性에서 말미암음은 알지 못하고, 성인의 가르침이 있음은 아나 나에게 있는 고유한 것을 알게 하려는 것임을 알지 못한다." '자사가 처음 발명하였으니'(『중용』 1장의 주석)

위에 인용한 것은 부처가 새벽별을 보면서 보리수 아래에서 깨달은 중도 연기와 공문孔門의 심법인 『중용』 첫 장의 해설을 비교한 것이다. 필자가 보기엔 단어만 틀릴 뿐 내용은 똑같은 것이다. 100%는 아니지만 늘 보는 앞산 뒷산이요, 봄빛과 가을빛의 차이만 있을 뿐이다. 모든 사람들에게 불성과 도리가 있음을 자각한데서 찬란한 동양 사상의 이야기가 시작되는 순간이다.

성리학의 뒤를 이은 양명학의 시초 왕수인의 말을 인용해 본다.

"사람마다 나침반이 있어 만 가지 변화의 근원이 본래 마음에 있는데 … (중략) … 소리도 없고 냄새도 없는 것을 홀로 알 때에 이것이 하늘과 땅 만유의 근본 기틀이다. 자기 집의 무진장 보화를 버리고 집집으로 동냥하며 거지 노릇하는구나."(『전습록』)

불佛의 초전법륜편에 "이변二邊이 친근치 말지니 고락이라. 여래도 이변을 버린 중도를 정등각이라 한다."

『숫타니파타』의 「피안도품」에 "양 극단에 집착하지 않으며 그 가운데도 집착하지 않는다."

이는 유儒의 어디에도 치우친 바 없는 상태인 중中인 천명天命을 성性이라고 인식한 것과 동일한 인식이다.

유儒의 성리학이 주자학으로 정리되기 전인 당나라 시대에는 불의 선禪 사상이 발전해 가고 있었다. 그때의 대표적인 마조 도일 스님의 어록을 보면 유불의 유사성과 상관관계가 흥미롭다.

"도는 평상심이다. 행行주住좌坐와臥응應기機접接물物할 때 전체가 다 도道이다. 부처는 능인能仁이니 걸림이 없어 사리에 통달한다. 마음 밖에 부처가 따로 없고 부처 밖에 다른 마음이 없다. 곧 부처가 도道다.”

그의 어록과 『중용』의 도를 비교해 보면 같은 말을 반복하는 것처럼 보인다.

“도란 잠시도 떠날 수 없는 것이니 일용사물에 마땅히 행해야 할 리理여서 사물마다 있지 않음이 없다. 중中은 일정한 틀이 없이 때에 따라 있으니 이것이 평상의 리理이다.”(『중용』)

“인자는 천지와 만물을 한 몸으로 여기니 자기 아닌 것이 없다. 천지 만물이 모두 자기와 일체임을 인식한다.”(『논어』「옹야편」)

여기까지 예를 들어 본 말들과 같은 사례들은 유불儒佛이 앞서거니 뒤서거니 하면서 상호 영향을 받았음을 입증한다.

특히 송나라 주희는 성리학을 집대성할 때에 불교적 용어와 논리를 대거 차용하게 된다.

그러나 유의 성리학과 불의 중도 연기 사상은 그 유사성 때문에 팔이 안으로 굽는다고 서로를 배척하게 되었음이 분명하다.

사상의 정립 배경이 역사적으로 다르고 뿌리도 다르지만 핵심 내용에 차이가 별로 없으니 반목 현상은 필연적이었다. 목숨보다 소중한 사상의 정수를 지키기 위해선 대립도 불사할 수 밖에 없었던 시대의 모습이라 하겠다.

그러나 여기서 주목하고자 하는 것은 이 모두가 동양 정신의 근간을 이루었고 우리의 전통을 세웠으며 문화를 창출했다는 점이다. 유불 사상을 빼놓고 우리 자신을 설명할 수 없음이다. 그래서 찬란한 서양 문물에 마음이 혼란스러울 순 있지만 넋까지 내어놓을 순 없다. 우리의 전통과 문화와 생활 양식에 녹아 있는 동양 사상이 중요하다. 그렇다면 우리 마음의 고향이자 안방인 중도 사상으로 돌아가야 한다.

유불儒佛의 뿌리 – 은일隱逸한 공통성

앞 장에서는 중도의 속성은 어렵고도 쉬운 것임을 나타내고자 하였다. 인간 속에 내재된 천명天命과 도를 발현하는 것은 덕으로써 달성할 수 있으니 이를 실천하기만 하면 중도를 행할 수가 있다. 이러한 정답을 제시하면서 분발하기를 촉구하는 것이 『중용』의 가르침이라고 설명하였다.

사실 이런 교훈은 누구나 어느 정도는 알고 있는 상식이기도 하다. 누구나 인생을 잘 살고 보기 좋게 가꾸어 나가고 싶어 한다. 이웃과 사회에 보탬이 되는 자신을 만들기 위해 수신하고 노력하고자 한다. 대부분 이웃의 딱한 사정과 어려움을 알 때 안타까운 심정이 든다. 이는 자연스런 현상이며 도와주고 싶은 마음이 들어야 인지상정이다. 이타행利他行이 필요함을 아는 것은 상식이다. 이러한 측은지심이나 이타행하고 싶은 마음은 사람들의 본연의 성性에 해당한다고 볼 수 있다. 다만 이를 실천하는 것은 또 다른 차원의 덕성과 용기가 필요하겠다.

지금까지 살펴본 인간의 항상恒常한 가치인 천리天理, 불성佛性은 인간을 덕德이 있는 존재로 만들었다. 그러한 덕德을 갖추었으니 응당 실천하는 것이 도리이다. 실천에 옮기지 못하면 모자란 인간이 되는 것이다.

사실 대다수의 사람들은 이 범주 안에 들어간다. 본래 우리 안에 존재하고 있는 덕성을 드러내고 실천하는 것이 중도를 달성하는 지름길이자 요체이다. 그러나 우리는 정도의 차이는 있을지언정 작은 덕도 실천하기가 쉽지가 않다. 그래서 자연스런 본성을 방기하고 망각한 채 인욕 속에서 살아가기 급급한 형편이다.

성인과 아라한은 보통 사람들과 다른 예외에 속하는 덕성을 갖추었다고 할 수 있다. 성인과 아라한은 도와 덕을 '생이지지生而知之하며 안이행지安而行之'하여 나면서부터 알고 편안히 실천한다고 한다. 사리私利에 마음을 빼앗긴 중생들은 겨우 '곤이지지困而知之하며 면강이행지勉强而行之'한다. 뛰어난 인간은 자연히 성공적인 삶을 살아가며 보통 사람들은 덕성을 어렵게 성취할 수밖에 없다. 이러한 차이는 개인마다 기품이 동일하지 않고 도를 접하는 시간이 빠르고 늦는 경우가 생기기 때문이다.

이처럼 중도의 입장에서 보면 성인과 보통 사람의 차이는 너무 자연스런 현상이다. 도와 덕은 사람들마다 힘써서 달성하려고 하기 때문에 가치가 있는 것이다. 천성과 불성을 두루 갖춘 성인과 아라한 차원의 도와 덕성을 강조할 필요가 없다.

범인凡人들이 실천하고자 하는 도와 덕을 강조하고 촉발해야 한다.

그래서 필자가 강조하고자 하는 것은 인욕人慾 속에 살아가기 급급한 중생에게 도와 덕을 실현하는 작은 노력 하나하나가 진짜 중도라는 점이다. 공자와 부처가 왜 동양 인류의 위대한 스승인가는 그들의 말씀이 우리 보통 사람들에게 향하고 있기 때문이다.

공자는 호학好學과 역행力行하며 자강自强 불식不息이면 군자가 될 수 있다고 격려를 한다. 자꾸 희망의 메시지를 끊임없이 설파한다. 부처는 중도 연기의 진리를 담아 누구나 불佛이 될 수 있다고 한다. 진짜 자기 본래의 모습인 불성을 찾으라는 설법을 평생 쉼 없이 하였다.

왜 이러한 최고의 소중한 깨달음을 가르쳐 주고 있는 것인가? 인간들에게 가진 연민과 자비심의 소산이기도 하지만 그 자체가 중도이기 때문이다. 중도를 행하지 않을 수가 없어서이다.

유교는 효인의예지신孝仁義禮智信의 실천을 중도로 보았다. 불에서는 팔불도八不道인 불생불멸不生不滅, 불일불이不一不異, 불래불거不來不去, 불상부단不常不斷 하는 수행을 중도로 본다. 글로만 본다면 관련이 적을 것 같은 유불 중도의 속성이 왜 유사한지 아래에서 기술해 보겠다.

효자孝者는 "선계인지지善繼人之志 선술인지사야善述人之事也" 효는 사람의 뜻을 잘 전승하고 수행하는 것이다. "인자구비생리仁者具比生理 자연유칙항자애지의自然有則恒慈愛之意 의자분별사리義者分別事理 각유소의各有所宜 예칙절문사이자禮則節文斯二者"(『중용』) 인은 삶의 이치인 자연의 측은과 자애심의 뜻을 닮은 것이며 의는 사리를 분별하여 마땅함을 갖추는 것으로서 이 둘이 안과 밖의 예이다.

이를 알고 믿음을 갖추어서 실천함이 중도의 처음이며 끝이라고 할 수 있다. 중도의 세계에서는 인간의 노력을 촉구하여 군자와 아라한의 세계로 이끌어 가고자 한다. 열심히 노력하여 다다른 경지는 성인과 동격이며 반열을 같이 한다고 천명하고 있다. 매우 세심하면서도 파격적인 선언이다.

성인은 생지生知, 안행安行으로 얻은 것이지만 중생이 불철주야 곤지困知, 면행勉行하여 도에 이르면 군자요, 성인과 어깨를 나란히 할 수 있게 된다. 어찌 수신하여 도를 이루고자 하는 사욕私欲을 발동하고 분발하지 않을 수 있겠는가?

그렇기 때문에 중도의 비밀은 다음과 같다고 생각한다.

첫째, 성인에게 해당되는 경지를 말하는 것이 아니라 보통 사람들이 성취할 수 있는 경지를 뜻한다.

둘째, 성인에겐 의미가 없고 중생들에게 의미가 있는 개념이다.

셋째, 누구나 노력하면 중도에 다다를 수 있다.

넷째, 중도는 본래 인간 속에 내재하고 있으니 끄집어내어 사용하면 된다.

다섯째, 달도達道와 달덕達德이 중도의 체體이자 행行이기에 중도를 떠나서는 존립할 수가 없다.

이러한 이유로 도덕, 효, 인, 의, 예, 지, 신을 떠나면 존재로서 성립할 수 없으며 존재하지 않는 것과 마찬가지인 셈이다. 곧 만물은 중도의 법칙을 벗어날 수 없으며 중도 속에서 생멸하고 있다는 전언이다. 자연법칙이 중도이며 중도가 자연법칙이다.

이쯤에서 불佛의 연기론이 왜 중도인지 설명하고자 한다. 자연의 모든 존재는 홀로 존재할 수 없다. 모든 것은 서로 의지하고 있는데, 이러한 상의相依성 때문에 불변하는 고유한 실체가 없다는 사상에 다다른다. 우리의 동양 정신은 붓다께서 새벽별을 보고 진리를 터득했듯이 우리 안에 새벽별처럼 반짝거리고 있다. 가득히 내재된 영롱한 빛을 꺼내 보는 것이 우리 삶의 진정한 목표이자 희망이다.

불교의 연기론적 세계관은 모든 것은 서로 관련되어 있기 때문에 그야말로 나의 존재 이유는 우주 만물, 우리에게 있다는 깨달음이다. 사랑하는 사람끼리 흔히 하는 말로 '내 안에 너 있다', '내 존재 이유는 너'란 말도 조그만 연기론이다. 그래서 팔불도八不道인 '홀로 존재하지도 아주 없어지지도 않는 것'과 홀로 존재하는 고유한 실체란 없으며 순환한다는 사상과 맥락을 같이 한다. 모든 존재가 성립하기 위해서는 모든 조건이 맞아 떨어져야 하며 한 치의 오차도 있어선 안 된다. 우연 같지만 우연이 아니다. 변하지 않는 것은 없으며 변화 속에서 존재는 가치를 발한다.

자연은 이러한 이치의 산물이다. 과학이 아무리 발달한다고 해도 작은 씨앗을 만들어 내지 못한다. 더구나 아무리 문명이 발전하더라도 씨앗 속에서 새순이 돋는 것을 창조해 내지 못한다. 오직 자연만이 할 수 있는 능력이다.

이것을 중도 연기의 세계관으로 설명하는 것이 동양 정신이다. 하늘의 도天之道는 성자誠者라는 정신이다. 우주 만물은 성실하기 때문에 탄생되었으며 모든 조건이 서로 작용하며 구비되었기에 존재한다. 그만큼 완벽하게 준비되었기 때문에 씨앗의 새순이 돋아나고 실재하고 있다. 이 성誠이란 개념이 유불의 핵심 사상 중도에 녹아 있기 때문에 연관성이 설명될 수 있다.

인간을 포함한 모든 것들은 완전한 걸작품이다. 완전한 걸작품은 타의他意 타방他方이나 자의自意 자존自存으로 만들어지지 않는다. 외부로부터 만들어지거나 홀로 저절로 생성되는 것이 아니라 자타自他 공동의 창작품일 때 가능하다. 오케스트라가 합주를 통하여 아름답고 웅장한 화음을 내듯이 자연의 모든 요소가 협력하여 빚어낸 결과가 우리가 존재하는 현실이며 실상이다. 이런 점을 한 치의 착오나 순간적인 실수 없이 해낸 것이 이른바 하늘의 도道인 성誠이며 연기 법칙이자 중도이다. 중도의 핵심어 중에 하나인 성誠은 말 그대로 자연 하늘님이어서 인간들에게는 인간이 가진 덕성과 불성을 잘 보관하게 한다. 또한 사람 사이의 격차와 차이를 줄여주고 변화를 일으켜 군자가 되도록 노력하게 한다.

모든 조건을 구비하기까지 성실히 준비한 자연법칙의 성誠은 인간에게 있어 모성과 가장 관련이 깊다고 볼 수 있다. 한 생명을 잉태하고 출산, 육아에 이르기까지 완벽한 준비를 하는 어머니는 본연의 아름다움을 간직하고 있다. 더구나 모정은 자식이 잘났든, 못났든 상관하지 않고 사랑한다. 만물을 비추는 태양 빛과 같다. 만물의 존재 성립 이치인 중도와 상당한 연관이 깊다. 그래서인지 유교에서 효를 유독 강조한다. 중도적인 모정과 이에 응선應善해야 하는 효를 실천한다면 바람직한 중도상이며 이행利行이기 때문이다. 효는 부모를 잘 공양하는 것에 국한되는 것이 아니라 자연법칙인 성誠의 또 다른 이름이다.

사회와 정치 현실 속에서 어떻게 중도가 실천될지를 고민한다면 다음과 같을 것 같다.

요즈음 경제의 침체는 남북 화해와 협력의 성과도 잠식하고 있다. 평화가 경제라는 말도 무색하게 할 정도로 경제적 고통이 장기화되고 있다. 생활 경제에 심각한 징후가 나타나고 있다.

그러한 상황이지만 양극화되고 다극화된 부의 편중 현상 속에서는 다른 양상이 벌어진다. 이를테면 저성장 경제 위기나 사회적 불안 요소들은 권력과 기득권 세력에게 별로 영향을 미치지 못한다. 그래서 못된 권력과 수구냉전 기득권층은 위기론을 자주 부추긴다. 그들에게 도움이 되기 때문이다. 그 위기의 실체와 고통은 전부 대다수 국민들에게 전가된다. 이와 같은 다수 서민에게 불리한, 불평등한 세상은 편견의 세계이며 도그마가 판치는 불합리한 비도非道의 세계이다.

중도는 이익을 독점적으로 장악하고 편을 가르는 세력을 사도邪道, 탐진치貪瞋痴의 세계라고 평가한다. 끊임없이 이익을 추구하는 자본주의는 중도라는 비상약이 필요하다. 인류가 국가 간, 민족 간, 지역 간, 종교 간의 분쟁과 차별 없이 평화롭게 공존할 수 있는 방안이 중도에 있다.

지구 평화는 부의 분배나 과학 발달에 핵심이 있는 것이 아니다.

삶의 실천과 행동 모두가 중도 사상에 기초해야 가능하다고 본다. 균선均善하여 무오無惡한 성리性理, 도리道理를 지탱해 줄 수 있는 중도의 성誠이야 말로 세계 평화를 달성할 강력한 토대요 의지처이다.

찬란한 역사를 자랑하는 동양의 중도 정신을 간직한 민족이 자본주의라는 물성物性에 정신과 사상을 지배당할 수는 없다. 자본주의를 따를 것이 아니라 공존 공생하는 중도를 따라야 한다. 우주를 탄생시키고 지배하는 천성, 도성, 덕성, 불성이란 중도의 진리를 물성物性과 비교할 수 없다. 자본이란 사탕발림에 인간들이 더 이상 현혹되지 않도록 중도라는 비상 급식이 필요하다. 그래서 스스로 만족스런 결과를 만들도록 우리의 전통을 복구하였으면 한다. 중도의 아름다움을 알아볼 수 있는 안목을 갖추고 자본의 매력에만 빠지지 않도록 해야 한다.

중도는 대다수 중생에게 이利를 가져다 주는 행行이기에 자본의 장단점을 파악하여 장점을 취하는 한편, 단점을 변화시킨다. 천성天誠이면 진기성盡其性이요 진인지성盡人之性이요 진물지성盡物之性이니 가천지지화육可天地之化育이다.(『중용』) 자본의 물성은 천성인 중도에 이르렀을 때 그 장점을 발휘할 수 있다. 기본과 본연의 성리性理가 빠진 채 인간에게 이익이 될 수는 없기 때문이다.

이미 2,500년 전 천지만물의 화육化育의 조건은 중도에 있음을 가르쳤고 사회 제도의 기틀을 마련하였다. 인류가 앞으로 계속 변화 발전하는 평화의 길에는 자본제든 어떤 제도든 중도의 핵심을 벗어날 수 없다. 중도를 뛰어넘을 수 없으며 반反해서는 실패한다. 작금의 세태가 그런 형국이어서 안타깝기 그지없다.

이처럼 유구한 역사 속에 명료하게 밝혀진 동양의 지혜가 유불儒佛에 녹아 있다. 너무나 위대한 사상인 바, 오히려 유교, 불교라는 종교라는 틀 속에서 협소하게 제한된 측면이 있다. 사람들에게 종교적인 말씀으로만 들리기 때문이다. 중도는 종교 속에도 녹아 있고 종교 밖에서도 통용되고 있다. 공자와 석가모니는 만인의 스승이지 종교의 종주宗主에 국한되지 않는다.

정치에서도 중도주의를 표방하는 사람들이 있다. 그러면 좌,우에서는 눈치나 보는 회색분자니 하며 어떻게 중립이 가능하냐고 비판한다. 이 모두가 중도中道를 중도中途로 보는 협소함에서 기인한 것이지만 좌, 우, 중간도 모두 중도의 범위를 벗어날 수 없다. 이를 파악한다면 중도를 표방하든 좌,우를 표방하든 정치의 기틀이 바로 잡힐 수 있다고 예측한다.

중도는 종교, 정치, 제도 등 모든 분야에 막힘이 없고 기본이 되는 기준이요 틀이다. 심지어 현실 세계만 아니라 귀신 등 비현실에서도 관통하는 진리일지 모른다. 천당과 지옥, 천사와 악마 등 무엇이든 양단이 있는 곳에 중도는 자리를 잡고 있다.

이 장의 관심사인 유불의 은일隱逸한 공통성은 종교, 정치 등 모든 인간사를 지배한다는 점이다. 여기까지 중도가 우주를 어떻게 지배 관통하는지와 그 일부분인 인간 세계와의 연관에 대해서 논해 보았다.

"인물지성人物之性 역아지성亦我之性 이소부형기부동이유이이以所賦形氣不同而有異耳"(『중용』) 이 말은 '인간과 자연이 또한 나와 같은데

다만 모양과 기운이 같지 않을 따름이다'란 뜻이다. 불교의 중도 연기는 불일불이不一不異와 같은 뜻이다. 나를 포함하여 사람이 자연에 속해 있으니 당연한 말이다. 또 인간 속에 자연이 존재한다. 그래야 의미가 있다. 중도는 무엇이든지 의미 있게 하며 존재하게 하며 당연하게 한다. 「꽃」이라는 시에서 이름을 불러주었을 때 하나의 의미가 된 것처럼.

이러한 중도는 만물 하나하나를 존재하게 하려고 지성으로 성性과 도道를 돌보고 있다. 중도는 성과 도를 탄생시키고 길러낸 부모이다. 중도는 불성을 만드는 모체이다. 스스로 이룬 중도 안에 만물이 생멸하는데 부족함이란 터럭만큼도 없다. 그래서 중도가 바로 하늘님이라고 생각한다.

『중용』에서 "성자誠者 자성야自成也 물지종시物之終始 성물무식成物無息"이며 "천지지도天地之道 위물불이爲物不貳 생물불측生物不測 박후고명유구야博厚高明悠久也" 성誠은 스스로를 이룬 만물의 처음과 끝이며 만물을 이루기에 쉼이 없으며 만물과 다르지 않으며 한결같이 넓고 두터우며 높고 밝아 영원한 법칙이다. 중도는 골고루 온전히 다 갖추어진 자연의 섭리이며 부족함이 없음을 다시 한 번 확인할 수 있다.

불교에는 삼법인三法印이란 법칙이 있다. '제행무상諸行無常, 제법무아諸法無我, 열반적정涅槃寂靜' 모든 것은 변하고 모든 것은 고정되어 있지 않으며 기쁨 안에서 고요하리라. 앞에서 팔불도를 소개한 바 있다. '불일불이不一不異. 불상부단不常不斷' 하나는 아니지만 다르지 않으며 항상 변하여 중단하지 않는다. 불성이 성誠이요 천지天地의 도道이다.

중도 안에 유불儒佛은 공통점이 많다. 쓰여진 언어가 다를 뿐 이루고자 하는 사상은 차이가 없다. 이는 동양 사상의 핵심어가 중도인 까닭이요 최고의 깨달음이며 찬란한 정신세계이기에 가능하다. 『성경』에서 '하나님의 섭리가 내게 부족함이 없으리라'라고 노래한 내용과도 흡사하다.

동양의 정신은 이를 자연 그대로 가감 없이 순수 그 자체로 설명하고 있다. 진리란 이와 같이 온전하여 배우는 이가 스스로 깨달아 군자와 아라한에 이르는 감격을 선사한다. 자존自存하도록 도와주고 모든 것을 주는 자연과 중도에 감사할 뿐이다. 타율他律과 비도非道가 판치는 반反중도 사회상을 바꾸고 혁신하는 것이 진리를 배우고 익히는 사람들의 운명이다.

진흙 속에서 연꽃이 피어나고 깊는 동굴 속에 금은보화가 숨겨져 있기 마련이다. 자연과 천명의 본질인 중도는 거저 주어진 것이 아니라 부단한 노력하에 습득하는 맛이 있다. 보통 사람들이 평생을 걸고 도전해 볼 만한 가치가 넘친다. 동양 정신의 정수인 중도의 깨달음에 모두가 자랑스럽고 자부심을 가질 수 있다. 이미 역사적으로 충분한 조건을 구비하고 있다. 중도 정신이 우리의 숨결에 녹아 있고 DNA에 혼합되어 있기 때문이다.

따라서 우리는 자율적으로 우리 사회의 건전한 발전과 나라와 민족을 위해 나서기만 하면 된다. 반反 중도 사회를 만들고 획책하는 못된 권력과 수구냉전 세력과 배타적 기득권층이 준동할 수 없도록 우리의 정신을 무장하면 된다. 이와 같이 될 때 유불이 함께 가르쳐 준 혁신과 개혁이란 진정한 가치를 실현하는 길이 닦여진다고 생각한다. 이것이 중도에 숨겨져 있는 알맹이고 진리라고 확신한다.

성선性善, 성악性惡설에 대한 중도적 태도

2002년 9월 11일, 풍요의 상징 뉴욕 맨해튼 쌍둥이 빌딩이 비행기 공격으로 무너져 내린다. 전 세계인들이 경악을 금치 못한 참상이다. 그 악마적 공격을 주도한 오사마 빈 라덴과 당시 미국 대통령 부시의 격돌은 아프가니스탄 전쟁에서 비롯되었다. 인간으로서 하지 말아야 할 테러가 빈번하게 자행되었다. 이에 대한 응징인 아프가니스탄 전쟁은 전 세계가 권선징악으로 당연하게 받아들였다.

미국이 주도하는 제2, 제3의 십자군 전쟁은 계속 되풀이되고 있다. 그 속에서 처참한 상황이 벌어지며 살인과 고통이 깊어간다. 미사일이 날아가 터지는 동영상을 보면 마치 온라인 게임을 보는 듯하다. 뼈와 살이 튀고 사람 목숨이 파리 목숨처럼 꺼져가는 현장은 지옥이다. 그런 첨예한 대립에서 어떤 긍정적 의미를 발견할 수 있을까?

빈 라덴은 미국이 아프가니스탄, 이라크 전쟁을 일으키고 아랍을 주무르는 패권 정책에 대항하여 쌍둥이 빌딩을 테러했다. 뉴욕 테러의 명분은 이슬람의 성전을 이어받아 아랍 문화의 고수와 침략에

뉴욕 쌍둥이 빌딩 테러 장면

대항하는 것이었다. 반면 미국은 이라크, 아프가니스탄에서 벌어지는 인권 유린에 대한 응징과 테러 대책으로 부득불 평화 전쟁을 수행하는 것이 명분이었다. 물론 숨겨진 경제적 이익 추구도 수반된다.

미국의 입장에선 빈 라덴은 악 그 자체이고 빈 라덴에겐 미국도 역시 악이다. 과연 양자가 생각하듯이 상대방은 일체가 악한 것인가? 또 상대적인 악을 제거하려는 자신은 온전히 선한 것인가? 아마도 무지막지한 전쟁을 불사하는 세력들이 쳐부셔 없애려는 상대는 악이요 그것을 수행하는 자신은 선이라고 믿는 것이 분명하다. 미국과 빈 라덴은 자기 자신의 선을 이용하여 악을 제거하고자 한다. 선은 악을 이용하고 악은 선을 잉태한다. 이런 과정이 미국과 빈 라덴의 격돌이며 실상이다.

동양 철학에서 소위 성선, 성악설은 중도적 가치를 훼손한 대표적인 오류이며 바보짓이라고 생각한다. 역사 속에서 끊임없이 선한 짓과 악한 짓이 되풀이되어 왔다. 무수한 목불인견의 악한 행동이 선이란 명분으로 실행되었으며 그럴듯하게 펼쳐지는 선한 모습이 실은 사욕邪慾에 이끌려 자행되어 왔다.

역사적으로 잠깐 살펴보아도 상대적인 선·악이 있을 뿐 절대적이고 고정적인 선·악으로 구분하기는 쉽지 않다. 예를 들어 삼국 시대 통일을 이룬 신라는 명분을 가졌지만 고구려나 백제 입장에서는 불구대천의 원수일 수밖에 없다. 십자군 전쟁에서 이슬람 군대는 기독교한테는 악마와 같은 존재일 뿐이었다. 이렇듯 한쪽은 선이고 상대방은 악하다고 하는 셈법은 매우 자의적이고 상대성을 띨 수밖에 없는 기준인 셈이다.

이와 같은 상대성은 동양 사상계에서도 적용할 수 있다. 춘추 전국 시대 제자백가 사상이 대표적이다. 유교와 도교의 시조가 활동하던 때이기도 하고 초기 불교가 도입되는 시기이기도 하였다. 법가와 묵가 등 이때 활동하던 여러 사상들은 서로를 견제하였다. 시대를 풍미하면서 상호 작용하에 변화해 갔다. 이후 중국은 전국 통일이 되면서 불교의 융성과 유교의 몰락, 불교의 쇠퇴와 유교의 부흥이 시대 상황에 따라 서로를 배타적으로 배제하는 과정이 있어 왔다.

불교는 유학자를 무시하고 유학자는 불교의 논리를 해악으로 치부하게 되었다. 이는 자신들이 살아가는 시대상을 자신의 입장으로 반영하지 않을 수 없었기 때문이다. 동양 철학자들이 인간을 성선과 성악으로 나눈 것도 각자의 현실 속에서 규정한 산물일 뿐이다.

선과 악은 그때그때마다 방편이지 근본적으로 인간의 본성을 규정하는 것은 아니다. 덕을 실현하면 선이 되는 것이며 해를 가하면 악이 된다. 여기서의 악은 현대의 기독교적 선악 개념이 아니다. 동양의 선악은 선善과 불선不善으로 해석해야 한다. 선은 인간을 편안하게 하며 악은 불편하게 한다. 만약 어떤 사람이 나는 선하다 하면 그는 결코 온전히 선하지 않은 것이며 악도 마찬가지이다.

선한 일이란 덕과 같아서 자신과 남을 돕고 받들어 주는 것이기에 절대 전쟁 같은 폭력으로 할 수 있는 일이 아니다. 선으로 수행되는 모든 전쟁과 대립도 사실 악의 요소가 포함되어 있다. 이는 역사가 증명한다. 인간 문명의 역사라는 길고도 짧은 시기에 벌어진 전쟁과 투쟁은 피해가 막심하였다. 1, 2차 세계 대전도 지구적으로 남북의 격차, 빈부국의 차이를 만들었다.

민주 제도의 발달도 역시 투쟁의 산물이기에 그 과실은 상부에 집중되고 다수의 하부는 생존 경쟁에 내몰렸다. 민주주의는 피를 먹고 자란다는 말이 한때 유행했다. 나름 멋있게 들릴지는 몰라도 좋은 말은 아니다. 민주제가 인간이 추구할 최상의 모델이라고 볼 수 없기 때문이다. 민주제는 권력 독식으로 악을 자행하는 봉건제를 부수는 효과적인 무기였다. 그러나 권력 분산은 어느 정도 이루었지만 그 권력에 존재하는 악은 여전히 활보하고 있다.

민주 제도는 이익에 천착해서 사물을 바라보는 서양 사상의 한계를 그대로 답습하고 있다. 민주제가 아무리 발달하고 최상에 이르러도 필자가 보기에는 인간이 할 수 있는 이상향의 절반에도 못 미치는 한계가 있다.

서양 사상으로 본 인간 역사는 선과 악이 대립한 산물이며 불확실한 선과 불확실한 악이 이전 투구한 양상이다. 동양 정신으로 보면 쓸데없이 에너지를 소모한 것이다. 선과 악은 대립하는 것이 아니라 순환하는 것으로 보아야 한다. 그래서 선의 반대말은 비선非善이며 악이란 말은 서양의 이분법적 발상에 기인한다. 유일신을 믿게 된 서양은 다른 신을 악으로 규정했기 때문이다. 동양 정신에서 악惡은 단지 추하고 올바르지 않다는 뜻이다. 올바르지 않다고 악마는 아니다. 그래서 읽을때도 악惡을 '오'로 읽어야 한다. 서양의 대립적이고 이분법적인 선악관善惡觀은 저열하기 짝이 없다.

먼저 자연은 몇 백만 년 주기로 모든 생명을 말살하고 생성시킨다. 빙하기와 지진이나 화산 폭발로 살아 있는 것들을 논밭 갈아엎듯이 한다. 인간이 거창한 문명을 이루었더라도 어쩔 수 없다. 더 길게 보면 우주는 빅뱅, 블랙홀, 별들의 탄생과 진화 등에서 창조하고 멸망시킨다. 은하계, 태양계도 어쩔 수 없는 것이다. 인간의 상상력을 벗어난 창조와 파괴가 반복되고 있다. 우주와 자연을 선과 악으로 나누거나 규정할 수가 없다.

중도 관점에서 보면 선과 악을 나눈 것도 우습지만 천명天命을 지닌 인간을 선과 악으로 구분하는 것 자체가 어설퍼 보인다. 인간은 우주가 몽땅 파괴되는 빅뱅이 오더라도 자연의 섭리에 찬동하고 순응할 수 있는 우주적 존재이다. 이 말은 인간은 모든 자연의 일부분으로서 더불어 함께하는 성성性誠한 존재일 뿐이라는 점을 강조하고자 함이다. 성성性誠은 성선性善과 성악性惡을 다 포함하고 있다. 성성性誠은 모자라면 채워주고 넘치면 덜어낸다. 누가 악하면 반드시 벌을 내리고 지선至善하면 필히 보답한다. 성성은 천명을 받아 자신도 이루고 타자도 이루어 준다. 『중용』에 보면 "하늘은 모든 것을 덮어주며 땅은 지구의 모든 만물을 실어 준다[天之覆也 地之載也]"고 한다. 이와 같은 천지의 성誠을 내재한 인간의 기본적 본질을 선이다 악이다 규정하는 것은 너무 협소한 해석이다.

맹자의 성선설이란 순자의 성악설에 대비하여 선善한 존재인 인간의 의미를 주장하고자 한 입장이었다. 그리고 선하게 살아야 인간답다는 교훈을 강조한 생각이라고 본다. 그러나 오히려 인간의 중도적 존재감을 상실케 하는 부작용을 낳았다. 유학이 가진 지고지순한 정신적 유산이 성선설, 성악설 논쟁으로 현대에 올수록 폄하되고 훼손되었다. 급기야 강력한 서구 사상의 매력에 밀려나서 고사 직전에 와 있다. 아니 고사되었다고 해도 과언이 아니다.

중도는 인간 입장에서는 기필코 악惡(오 : 不善)을 선善으로 바꾸는 순환이며 변화이며 실행이다. 인간 사회에서 벌어지는 대립과 투쟁에서 중도 실현은 승리한다고 되질 않는다. 오히려 지거나 인내하거나 무저항, 비폭력이 중도를 지켜내는 힘이 될 때가 많다. 영원한 선악은 없기 때문이다.

어떤 것은 나쁘고 저런 것은 좋다는 관점은 잠시 동안 유효하다. 시간이 지나면 나쁜 것은 발효되고 좋은 것은 부패한다. 변하지 않는 것은 아무것도 없으며 영원히 좋은 것, 영원히 나쁜 것은 없다. 악을 벌할 수는 있지만 없앨 수는 없다. 악이 없으면 선도 없다. 선만 있는 세상이나 악만 있는 현실은 없다. 이러한 세계관에서 보면 성성性誠은 선과 악이 공존한다. 다만 인간 사회 속의 중도 세계는 선을 실천하고 악을 줄여나가는 행동일 뿐이다. 그래서 정도이며 덕성이다.

성성性誠한 존재인 자아는 선과 악이 순환한다. 다만 차별과 불평등이 없도록 선을 이루고 덕을 쌓아야 한다. 잘못을 줄이기 위해 수신하며 천명을 이루고자 애쓰는 자아는 생명이다. 생명! 즉 살아 있기 때문에 중도를 실현하며 도리를 닦아나가지만 살기 위해서 타他

를 죽이며 적자생존하는 이기적 존재이다. 동시에 아我가 존재하기 위해 타아他我가 희생했음을 알고 이에 보답하고 봉사하는 이타적 존재이다. 사회의 발전은 후자가 왕성해야 건전한 성장을 하게 된다. 다만 사회를 평화롭게 이끄는 이타적 생명 활동도 여전히 타자의 희생 속에서 이루어지기 때문에 검소하고 절약하는 것이 중요하다. 물질 풍요의 소비 만능 사회에서 중도 실현이 어려운 이유이기도 하다.

선善은 인간에게 좋은 것이지만 타자에겐 악한 것이 많다. 타자의 희생 위에 인간 세계가 이룩되었다. 예를 들면 잔칫집에서 소 잡고 닭 잡는 경우를 뜻한다. 이런 생각에 다다르면 성선이니 성악이니 하는 의미가 무색해 진다. 중도적 존재를 이렇고 저렇다라고 규정해선 안 된다. 인간 사회에서도 저 인간은 이렇다 저렇다라고 평가하는 것이 어떨 때는 주홍글씨를 새기고 마녀 사냥을 하는 결과를 초래하기도 한다. 성선, 성악설은 이런 우를 범하는 논리이며 성성性誠함을 협애하게 해석하는 단견일 뿐이다. 자기 중심적인 논리일 뿐이며 변견邊見이다.

중도 정신은 넓고 크며 높고 밝아 변견의 협애함을 뛰어넘어 오래오래 지속된다. 요새 흔히 유행하는 말로 지속 가능한 사회는 중도의 실현이 성패를 좌우한다. 이미 중도라는 최고의 사회 모델을 동양에서 제시하고 있는 바 굳이 지속 가능한 사회라는 서구식 사회 모델의 표현 방식이 생경하다.

자연은 인위적인 악을 혐오한다. 플라스틱, 프레온 가스 같은 화학적이고 자연적으로 분해가 잘 되지 않는 것들이다. 그런 인위적인 것들이 인간의 삶을 편리하게 한다. 그러나 인위적인 발명품들은 인간 생명에는 도움되지만 자연에겐 위협 요소이다. 참 이율배반적인 상황이다.

어쨌든 성성性誠함이 실체인 중도의 세계관은 우주의 생성과 파괴에서 인간들이 어쩔 수 없는 것처럼 본질이며 실체이다. 수신과 극기를 통하여 본연의 인간성을 성성性誠 속에서 발휘한다. 공평무사한 중도의 세계가 지속되어 간다. 어디에도 치우친 바 없는 자유로운 마음을 가진 고귀한 존재를 만들어갈 뿐이다.

이렇듯 생명은 선과 악(실제로는 不善)을 동시에 담지한 고귀한 존재이다. 생명을 유지하기 위한 자연적인 행위는 타자의 희생이 있기에 악하면서도 선한 것이다. 단지 인위적인 해로운 물질 생산과 행동들은 지양하고 줄여나가는 것이 필요하다.

지구 안에서 자연에게 위해를 가하는 주된 역할을 인간이 하고 있다. 그래서 중도의 세계관은 지구를 지키고 평화롭게 하는 데 절대적인 사상이다. 인류가 고민하는 행복한 삶의 본질이 중도에 있다. 중도 사상을 알아낸 인간은 매우 행복한 존재이다. 만물과 함께하는 기쁨을 자각한 훌륭한 존재가 성성性誠한 사람이다. 결국 인간 사회에서 천명 그대로의 모습인 성성性誠을 받들고 높이는 실천이 절실하다.

성리학 이理·기氣 논쟁의 허실

성리학을 주자학朱子學이라 한다. 주희朱熹는 송대의 거유巨儒이자 공자, 맹자를 이은 조선 유교의 정신적 지주였다. 그는 근근히 이어 온 유학의 명맥에 물꼬를 트고 집대성하였다. 유교의 바탕이 된 4서에 정밀한 해석서를 편찬하였다. 『논어』·『맹자』집주와『대학』·『중용』장구서이다. 유학의 입장에서 보면 최고의 스타였다.

조선 유학자들은 주희의 해석과 다른 의견을 내는 것이 사실상 금지되었다. 집권 세력(노론)에 의해 남인과 서인들은 사문난적으로 몰리고 목숨이 왔다갔다 하게 된다. 유학을 오염시키는 행위라고 자손까지 연좌제에 얽혀 핍박을 받았다.

이와 같이 권위를 가지게 된 연유는 여러 가지가 있을 것이다. 학문적 권위와 시대적 요청이 어우러진 결과일 것이다. 주희의 저서와 해설서들은 가감加減이 불가不可하였다. 그것은 유학의 정립이 권력과 시대 상황에 맞아떨어진 결과였다. 송나라의 정치 권력 사상에도 맞았고 사회 안정에도 기여한 학문이 되었다.

고려 말의 유학자들은 불교의 폐해를 목도하고 있었다. 유학 부흥으로 원의 지배에서 벗어나고 사회상을 바로잡고자 하였다. 유학자 이색의 문하에 정몽주, 정도전, 하륜 등 걸출한 많은 유학자들이 있었다. 특히 정도전을 필두로 신흥 사대부들은 역성혁명을 통해 새로운 나라를 건설하고자 하였다. 유교를 숭상하고 불교를 억제하는 왕도 정치를 실현하려고 하였다.

조선이 개국하면서 주희의 『주자대전』을 비롯한 『근사록』 등 유학의 보고인 각종 서적이 도입되었다. 이를 바탕으로 사대부가 형성되고 이들이 나라를 경영하기 시작했다. 이때부터 성리학 곧 주자학은 조선의 모든 뿌리와 뼈대를 형성하는 기본이 되었다.

조선 유학의 태동과 뿌리와 줄기는 영남학파, 기호학파, 서인, 남인, 노론, 소론 등 그룹과 파벌로 계승되고 완성되어 갔다. 특히 퇴계 이황과 율곡 이이가 유학의 파생과 정착에 기여한 대표적인 학자들이다.

조선 초기 유학자들은 주자의 이기이원론理氣二元論에 따라 신유학을 배우고 익혔다. 그런 세월이 면면히 흐르다 자기 수양적 도학을 비판하고 사회적 실천을 더욱 강조하는 기氣철학이 등장한다. 그것이 이기일원론理氣一元論으로 정리되어 이기론의 생성론과 존재론에 대한 가치 논쟁으로 발전되어 갔다. 퇴계 이황은 이기이원론의 대표 주자이고 율곡 이이가 이기일원론의 대표 주자이다.

간략하게 살펴본 조선의 주자학 이기 논쟁은 개인 수양에 초점을 맞춘 은미한 심성론과 사회 참여 지향적 실천론의 대립이었다. 독실한 수양론과 능동적 참여론의 상박相撲이었다. 관념적 형이상학과 구체적 형이상학의 논쟁이었으며 인간의 본질을 파악하고 자기 완성을 이루고자 한 치열한 사유 방식이었다.

그러므로 그것은 동양 사유의 장점이자 세계관인 통합 사상이 내재되어 있었다. 대립적 관점이지만 이理를 통해 기氣를 설명하고 기氣를 통해 이理를 보완하는 불일불이不一不二적 융합론을 담고 있었다. 생성의 선후와 가치의 경중은 다르지만 상호 연관성을 강조하고 있다. 이는 서양 세계관의 신과 인간, 인간과 자연, 정신과 신체라는 완전한 이분법과 확연히 대비되는 사상이다.

이러한 사유의 패턴은 항상 음양론이나 태극의 법칙이 운행하는 자연관과 세계관을 정립하게 된다. 그리하여 한쪽으로 기울어지거나 한 측면이 부각되는 편벽을 극복하게 된다. 요堯, 순舜의 중中을 잡으라는 도통을 계승하려는 노력이었다. 그러므로 사상 대립과 논쟁이 올바른 사유 체계 정립과 이치를 발전시키는 긍정적 역할을 하게 되었다.

특히 병자호란 이후 주자학에 비판적인 사상적 자주 의식으로 사회를 개혁하려는 세력이 대두되었다. 서인은 박세당을 중심으로 하며 남인은 윤휴를 필두로 당시의 주자학적 고정 관념을 벗어나려 하였다. 그것은 송시열이 장악한 노론의 입장에서 보면 위험 세력이었고 몰아내야 할 적이었다. 그 결과 윤휴는 사약을 받았고 박세당은 두 아들이 혹독한 죽임을 당하자 은둔하며 노장老莊 사상에 기울어진다.

이러한 과정은 민초의 삶과 관련한 시대의 변혁과 청나라와는 어떤 외교적 관계를 해야 할지에 대한 이견으로 나타났다. 사대부의 무위도식과 세금 착취와 같은 정치, 사회적 문제의 해결은 주자학을 어떻게 받아들이고 해석할 것인가에 달려 있었다. 그러나 사대주의와 고루한 집권 세력에 의해 새로운 변화의 물결은 탄압을 받았다. 그 후 세도 정치와 외척의 발호에 의해 조선은 병이 깊어져 갔다.

이와 같이 조선 시대의 철학적 논쟁은 필수 불가결한 사태였던 것이었다. 이러한 분파와 붕당의 역사를 오욕의 역사요, 불필요한 국력 소모로 인식하는 것은 잘못된 사관이다. 또한 조선의 사상사를 서구 철학의 관점으로 서구 역사적 개념과 문제의식으로 잘못 평가하고 있는 것이다. 그것은 일제 식민사관이 쳐 놓은 올가미와 함정에 빠진 결과라고 볼 수 있다.

그러나 이理·기氣 논쟁은 주희가 설정한 주자학적 체계인 도식적인 도학의 범주 안에서 벌어진 사상 투쟁이란 한계가 있었다. 성性, 천명天命은 이理요 형形, 용用은 기氣라는 이원론은 사유 체계를 도식화하였다. 주희는 모든 존재는 이理가 본원적이며 기氣는 부차적이라는 관점과 체계로 구분하고 설명을 한다. "천天은 자연의 보편성이며 이理는 자연을 지배하는 순수 법칙의 보편성인 것이다. 천天이나 인人에 있어서 성性과 명命의 구분은 있으나 그 이理는 하나라고 한다"(『중용혹문中庸或問, 朱熹著』) 이러한 이기이원론은 천명을 담지한 이理는 순수 그 자체라 하였다. 칸트의 물자체라는 개념과 유사한 규정이라 생각된다.

"이理는 체體이며 기氣는 용用으로 나눈다. 맑은 거울인 인의예지인 이理는 기품氣稟이 다른 인욕人欲의 사私인 희노애락애오욕으로 지각을 한다. 물리적 세계를 파악하는 지각은 마음의 작용이며 성性과 정情을 통섭한다. 또한 심心의 이理가 태극이고 심心의 동정動情이 음양이다. 이理는 아직 지각이라 말할 수 없다"(『주자어류朱子語類』) 이렇게 선험적이고 관념적인 이理는 인의예지를 관장하며 칠정七情은 기氣에 속하는 것이다. 그것이 미발未發된 상태가 이理의 상태이며 발현되기 시작하면 기氣의 영역으로 넘어가게 된단다. 이 기氣는 사물과 접하고 희노애락애오욕 같은 사람의 감정이 개입되면 발현하게 된다고 한다. 그러므로 사람 본연의 성性은 변함없으나 기氣의 상태에 따라서 사람은 선善과 불선不善, 미美와 추醜로 나뉘게 된다. 이를 두고 기품氣稟의 차이는 정情의 덕인 체[氣]에서 나타나는 현상으로 설명하여 기氣를 이理와 분리하여 구별하게 되었다.

그러나 이것은 20세기 말에 들어서면 폐기되는 사태에 이른다. 왜냐하면 주희의 논거를 일거에 휴지 조각으로 만드는 죽간 자료가 대거 발견되기 시작했기 때문이다.

유학을 연구하고 공부하는 학자들은 1973년에 발견된 곽점죽간본이나 상박上海博物館 문헌을 통해 B.C 4~5세기경의 유학의 진수를 접하게 된다. 공자 이후 유학 철학의 완성본인 자사 작『중용』을 둘러싼 의혹을 해소하게 된다. 동시에 『공자가어孔子家語』라는 『논어』보다 앞선 문헌의 연구 결과와 성자명출性自命出이란 간백簡帛(죽간+비단) 자료 발굴로 많은 난제가 해결되어 가고 있다.

『공자가어』는 『논어』의 배경이 되는 공자의 언행과 일화를 기록한 문헌이다. 『한서漢書(예기편)』에 나온 자료를 중국 삼국 시대 위나라 왕숙이 주석을 달았다. 얼마 전까지 위작이라고 평가를 받았었다. 그러나 죽간 자료의 발굴로 『공자가어』의 내용이 한대漢代 이후에 작위적으로 서술한 것이 아니라는 게 밝혀진다. 『중용』을 지은 자사 시대 이전에 『공자가어』가 실존했다는 말이 된다. 이처럼 불명확했던 선진 시대의 유학 사상이 간백簡帛 자료의 출토로 인하여 역사적 사실로 밝혀져 가는 중이다.

특히 성자명출性自命出이란 죽간 자료는 맹자 이전 시대에 성립된 사상으로 학자들이 인정하는 추세이다. 혹은 자사가 『중용』을 집필하기 전에 그 당시 논의되었던 논점에 대해 정리를 한 서적으로 추측하기도 한다. 아니면 그 당시 최소한 다른 유학자가 정리한 것으로 볼 수 있다. 이렇게 출토된 유물은 그 당시의 철학과 정신세계의 수준을 여과 없이 보여주었다. 후대의 여러 설에 대한 진위를 명쾌하게 정해 주기 때문에 매우 소중한 자료라 하겠다.

여기에는 "범인소유성凡人所有性, 심무정지心無定知, 대물이후작待物而後作, 대열이후행待悅而後行, 대습이후정待習而後情, 희노애비喜怒哀悲의 기氣는 성야性也"라고 못을 박는다. 또한 『중용』의 첫 장인 천명지위성天命之謂性을 성자명출性自命出, 명자출강命自出降으로 설명한다. 그 다음 솔성지위도率性之謂道를 도시어정道始於情, 정생어성情生於性이라고 보충한다. 그 다음 수도지위교修道之謂敎를 시측근정始者近情, 종자근의終者近義라고 끝맺음 한다.

성性은 심心이요 심心은 만물과 조응하는 방향성을 가질 때를 정

情으로 설명한다. 정情은 희노애비의 기氣인 성性에서 생긴다는 명제와 연관된다. 이렇게 유학의 성性, 심心, 도道, 기氣, 정情을 분리하지 않음과 동시에 통합적으로 규정을 하고 있다. 또 그러한 논리가 어색하거나 불합리한 것도 아니다.

이러한 자료의 발굴은 유학 연구에 정통한 일본 학자들을 당황하게 하였다. 이들은 대체로 주희가 정해 놓은 도식과 다른 내용에 대해 난색을 표명한다. 한마디로 헷갈리는 것이다.

이와 같이 유학의 본질에 대해서 어느 학설이 더 정통하고 현실적인 의미를 갖는지 명확하게 하는 것은 중요하다. 그럼 왜 중요한 것인가?

이론이 현실을 살찌우고 현실은 이론을 풍부하게 해야 한다.

조선 시대 이기理氣 논쟁은 그 당시는 그러했는지 모르지만 오늘날의 현실에서는 좋은 평가를 할 수 없다. 당쟁으로 국력 손실을 초래한 대표적인 사례이기 때문이다. 사대부의 권력 다툼이 되어버린 논쟁은 나라를 엉망으로 만들었다. 민초의 피폐에 무관심하였고 이를 방치하였다. 사변적인 갈등에 머물러 누가 보더라도 조선 말의 처참함에 원인을 제공한 것이다.

만일 주희의 주자학이 도식적이지 않고 탄력적인 선진 시대의 사상이었다면 어떠했을까? 이기理氣 논쟁이 배타적으로 흘러가지 않고 시대 변화에 능동적으로 대처하는 철학으로 자리매김되었을 것이라고 생각한다. 일제가 구한말 조선 침략의 명분으로 삼은 식민지 근대화론도 자리를 펴지 못했을 것이다. 더 나아가 외래 사상의 무

차별적 도입과 혼란의 정도가 심각하지 않았을 것이다. 어쩌면 일제 식민지를 막아내고 일제에 의해 자행된 만행을 막았을지도 모른다. 그리고 민족 상잔의 아픔을 치르지 않고 분단의 고통을 미연에 방지할 수도 있었을 것이다.

그리고 현재 사회 문제가 되고 있는 종교적 맹신과 지역적 대립이 발생하지 않았을 수도 있다. 이러한 가정을 하는 것은 이 책에서 강조하는 바와 같이 어디에도 의존하지 않고 편벽되지 않은 우리 전통 정신의 가치를 명백하게 드러내고자 함이다.

공자의 모든 언행의 기록인 『논어』에 이理란 용어는 없다. 눈을 씻고 찾아봐도 안 보인다. 공자가 천명이나 인의예지를 말할 때 정자와 주자의 당연지리當然之理나 도리道理라는 주석에 포함된 글자이다. 이렇듯 주희가 설정해 놓은 도학적 용어인 이理란 철자는 송나라 사대부들이 필요에 의해 창안한 단어일 뿐이다.

B.C 4~6세기경 선진 시대의 철학적 논의는 보편성과 융합적 사고로 풍부한 파노라마가 펼쳐진 시대였다. 춘추 시대 말, 전국 시대 초기의 백가쟁명 속에서 사고思考는 다양했으며 깊고 넓었다. 공자도 무수한 고단 속에 유쾌하고 진지하게 자신의 학단을 유지했다. 그의 언설은 고정되거나 제한 없이 많은 가능성을 내포하며 헤아리기 어려운 지평을 넓혀 놓았다. 인仁에 대해서 제자들한테 가르칠 때에도 각자 상황에 맞게 다른 말로 맞춤형 설명을 하고 있다. 수제자 안회한테는 "극기복례克己復禮 일일극기복례一日克己復禮면 천하귀일天下歸一"(『논어』 「안연편」)이다. 중궁한테는 "출문여견대빈出

門如見大賓 사민여승대제使民如承大祭 기소불욕己所不欲 물시어인勿施於
人"(『논어』 「안연편」)이다. 자장한테는 "능행오자어천하能行五者於天
下면 위인의爲仁矣라 공관신민혜恭寬信敏惠"(『논어』 「양화편」) 이런 식
이다.

공자는 어떤 규정적인 단어를 즐겨 쓰지 않았다. 하나의 가치를
세울 때 여러 기준과 근거를 가지고 설명하였다. 'A는 B다'라고 할
때 B의 모든 가능성과 종합적인 연관태에 대해 늘 열려 있는 해석이
가능한 단어를 채택하였다. 학인들로 하여금 배움의 자율성과 능동
성을 촉발시키고자 하였다. 이러한 다양한 해석과 논의의 여지를 남
겨두는 학문을 우리는 통상 인문학이라고 한다. 공자는 인문주의자
였고 보편주의자였으며 높은 문명을 이루어내고자 한 교육자였다.
그러므로 사변적인 이론과 사유의 틀에 갇혀 있지 않았다.

주희는 선대 유학자인 주돈이, 정호·정이 형제와 장재의 유학적
틀을 확고히 집대성한 성과를 이루었다. 그러나 후대에 유학의 지평
을 넓히고 시대 변화를 선도할 문명에 기여하는 학문의 발전을 가
로 막았다. 특히 조선으로 넘어온 유학은 이기理氣 논쟁이 생산적 논
쟁이기보다는 권력 쟁탈의 수단으로 변모하였다. 조선 중기 이후 노
론의 성리학은 가장 완고한 주자학으로 고정되어 많은 역사적 과오
를 저질렀다. 조선 말까지 민중의 삶을 유린하고 피폐시켜 가며 세
도 권력을 휘둘렀다. 그 결과 조선은 망조가 들었다.

이와 같이 학문의 체계가 고정되거나 도식적이면 사상의 자유를
억압하게 된다. 그 여파는 현재에 이르러 무용한 학문으로 취급받는

지경이 되었다. 그 치열했던 논리들이 잊혔고 인정을 받지 못한다. 21세기의 어떤 철학과 비교해도 손색이 없는 공문孔門 사상가들의 담론이 허망한 평가를 받기에 이르게 되었다.

학문의 지평을 열어 놓고 모든 가능성을 담을 담론이 되기 위해선 고정되거나 치우치지 말아야 한다. 조선 시대의 이기론理氣論은 아我를 위해 기준을 고정시켰고 아我를 위해 사상을 변화시킬 수 없었다. 송나라 주희는 송나라의 시대적 요구의 틀 속에 보편적이며 범凡시대적인 유학을 억지로 구겨 넣었다. 조선 시대의 송시열을 포함한 집권 유학자들은 주자학에 반하는 사상적 자주성을 멸절시켰다. 유학이 담고 있는 다양성을 획일화하였다. 학문의 나무는 명백하게 보았으나 숲을 이룬 소이연所以然을 박薄하게 규정하였다. 이것이 현대 대한민국의 철학 사상을 빈곤하게 만든 시초가 되었다고 아니할 수가 없다. 그 결과 조선 시대 학자들의 다양한 사상이 묵살되어 현재까지 전승되고 회자되지 못했다. 참으로 애석하다 말하지 않을 수가 없는 것이다.

3부

현실에서 길 찾기

보수는 구태요 진보는 혁신인가?

현대인들은 자본주의의 폐해와 사회주의의 혼선, 공산주의의 쇠퇴를 경험하고 있다. 미국의 월가에 즐비한 금융 자본, 그들의 잘못으로 자본주의가 상처를 입었다. 반면 구소련의 붕괴, 유럽 사회주의 정책의 결함, 리비아 카다피의 소멸까지 반자본주의 사상도 힘을 잃어가고 있다. 가장 강했던 자본주의 종주국인 미국 내부에선 중산층이 몰락하고 있으며 가장 거대한 사회주의 국가인 중국에선 지구인들의 자본 산업 지대가 되었다.

현대인들이 봉착한 문제는 안심하고 의지할 사상과 정신세계가 불안하다는 점이다. 이러한 혼란은 과도기에 나타나는 가치관의 상실, 급격한 변화를 특징으로 한다.

이 속에서 신자유주의라는 괴물이 나타나 약육강식의 세계 질서가 횡행하였다. 정치적으로 보면 21세기 들어와서 미국과 EU를 필두로 한 수정 자본주의 세력은 신자유주의 전도사, 신자유주의 고속도로 건설자 들이었다. 심지어 노무현 참여정부도 집권 후 그 물결에 휩쓸리고 만다. 거대 다국적 자본은 마지막 용트림을 하듯이 약자, 약소국의 단물을 빼 먹고 있으며 강자 독식 사회를 더욱 고착시켰다.

이에 대항해서 반금융자본 시위가 전 세계적으로 퍼져나가기도 했으며 중동, 아랍의 자스민 혁명이 진행되어 갔다. 대한민국 사회도 최근 들어 사회 문제를 발생시키고 양극화를 심화시키는 신자유주의 무능 정권을 향해 촛불항쟁으로 정권 교체를 이루기도 하였다.

한편 영원한 진보 그룹을 자처하는 민주 노동 세력은 진보가 혁신이라는 그들의 사상적 확신을 만능의 보검처럼 휘두른다. 민주 노동 세력의 정책과 목표에는 우리 사회의 모든 문제를 다 해결할 수 있을 거라는 다소 과장된 확신이 있는 듯하다. 그런 자신감은 진보 진영을 이끄는 책임감을 강화시키는 동시에 조직적으로 주목을 받게 한다. 그리고 사회적 이슈를 주도하여 진보 진영의 기대치가 달성되도록 강제하게 한다. 이는 사회적 약자를 대변하는 주류가 되는 과정이기도 하다.

반면 보수 세력은 현재를 만들었고 미래에도 이 사회를 이끌어갈 거라고 확신하는 기득권 주류 세력이다. 이들의 기반은 역사적으로 공고히 다져져 왔으며 콘크리트 지지층을 확보하고 있다. 자신들의 생각과 지식을 통해서 우리 사회가 발전한다는 확신을 가진 지도층으로 행세하고 있다. 다만 다수의 수구 냉전 세력이 보수층에 포함된 약점을 갖고 있다.

이렇게 다수의 사회적 약자편이거나 사회의 주류라고 말하는 진보·보수 모두 자신들이 옳다고 확신한다. 정치, 경제, 사회의 주류인 보수 진보 양편의 기득권자들은 언제나 사회적으로 다수 편에 서야 하기 때문이다. 그러면서도 보수의 주류와 진보의 주류는 거의 언제나 격돌하고 충돌한다. 그래야 세상과 사회가 성립되기라도 하듯이 변함없이 비판과 비난을 주고 받는다.

그 양상을 보면 대체로 보수층은 방어적 자세를 취하면서 실익을 취하고 있으며, 진보 세력은 공격 일변도를 크게 벗어나지 못한다. 그래서 대중한테 받는 인기는 제한적이고 협소하다. 반면 보수는 그들의 노련함으로 이미지 홍보에 대부분 성공하고 있어 상황을 즐기는 편이다. 기득권과 권한을 행사한 경험이 많으며 그들만의 네크워크와 인재 풀이 강하게 구축되어 있다. 진보는 자신들의 생각에 자부심을 갖고 있지만 상황 장악이 여의치 못해서 늘 불안한 측면이 있다. 그래서 공격 일변도로 보수층 탓을 하는 경우가 다반사다.

이러한 경향은 집권 주류가 되는 경험을 통하여 완화될 수가 있다. 서구 유럽의 사회주의 집권층이 멋있어 보이는 이유가 여기 있다. 집권층 경험이 누차 있으면서 진보주의자들이 가진 낭만과 자유가 축적되어 있기 때문이다. 한국의 진보주의자들도 이러한 과정을 경험할수록 정치, 사회적으로 더욱 근사한 영향력을 대중에게 전파할 수 있을 것으로 예상된다. 작금의 대한민국 문민정부가 높은 지지율로 좋은 평가를 받는 것을 보더라도 혁신과 개혁을 주도하는 진보 진영의 경험은 매우 의미 있는 것이다.

역사의 흐름에서 보면 보수 진보는 서로 영향을 주고받으면서 엎치락뒤치락하는 것이 자연스럽다. 서로의 긍정적 정책이 상호 영향을 받으면서 실현된다면 사회의 발전은 보장된다. 또한 다수 대중에게 부정적인 측면은 서로의 비판과 견제를 통해서 개선되고 혁신될 수 있다. 이러한 정권 교체의 선순환 과정과 선의의 경쟁을 통해서 다수 대중의 삶의 질은 향상되어 갈 것이기 때문이다.

『중용』에서 "성자물지종시誠者物之終始 불성무물不誠無物"이라고 한다. 성誠은 모든 것의 처음과 끝이며 성이 없으면 모든 것이 없다. 성誠은 도이며 자연이며 당연한 이理이다. 자연스러워야 만물이 생육하며 번성한다. 여기에 보수 진보의 역할도 예외가 될 수 없다. 영원할 것 같지만 변하지 않는 보수나 진보는 없으며 자연스럽지도 않다.

앞 장에서 언급하였지만 인간은 선만 있거나 악만 있는 존재가 아니다 그냥 성성性誠한 존재일 뿐이다. 선한 관점, 악한 관점이 있어야 인간으로 완성해 가는 것도 아니다. 만물을 생육하기에 쉼이 없는 자연의 성誠한 존재임을 기본으로 하면 중도에 이르게 되어 자성自性 자도自道 할 수 있다. 즉 선도 악도 제도할 수가 있음이다.

동양 정신이 확립하여 밝혀둔 성성性誠한 중도 사상을 잊어 먹은 채 내 것을 지켜야겠다는 보수와 내 것을 빼앗기지 말아야겠다는 진보가 언제 어디서건 뒤엉켜 상쟁하고 있다. 보수는 안정을 표방하며 진보는 평등을 내세운다. 양자 공히 명분이 있다. 그러나 그 속에 강자 독식과 부패, 그리고 아집이 자리한다. 이것이 보수와 진보의 단점이다. 중도를 벗어난 대립은 진실하지 않다. 중도 속에서 차이를 상호 인정해야 대립이 성립된다. 상대방이 나와 다르지 않다는 자각 속에서 자연스런 성誠에 답하는 것일 때 진보와 보수라는 입장의 의미를 가질 수 있다.

상대방이 나와 다르지 않다는 자각은 나와 똑같다는 생각이 아니다. 인간의 객관적인 본성과 가치는 같지만 주관적으로 의미 부여하는 생각들은 다를 수밖에 없다. 그래서 논쟁을 통해 각각의 입장을 주장하고 피력하며 경쟁하게 된다. 그리고 자신들이 하고 싶은 역사의 발전과 대중의 번영을 이루어내려고 한다. 보수는 보수대로 진보는 진보대로 자신들이 생각하는 사회상을 만들고 싶어 그들의 입장을 세웠을 것이기 때문이다.

『중용』에서 천지의 도는 불이불식不貳不息이라고 한다. 이를 달리 해석하면 성誠과 연관되지 않는 것은 없으며 벗어날 수 없다는 뜻이다. 벗어날 수 있으면 도가 아니듯이 성誠도 마찬가지이다. 성誠은 도道요 자연이며 중도를 가진 에너지이다. 곧 중도의 실체는 인간이 도달할 수 있는 최고의 생각이며 실천이다. 유교에서는 이를 능히 달성해야 하는 것이 도리요 덕목이며, 군자를 그 모델로 제시하고 있다.

일방적으로 보수 진영은 구태의연하며 낡은 과거의 모습이고 진보는 새로움을 추구하는 미래 지향적이라고 평가받고 있다. 그러나 중도 시각으로 보면 보수 진보 공히 낡은 과거 모습과 미래 지향적 요소가 담겨 있다. 다만 자신들의 입장에 대한 구심력이 크다고 본다. 그래서 응집력과 결속력이 있는 반면 편향을 가지고 있다고 본다.

보수는 기존 것을 고수하기에 미래에 대한 걱정이 진보보단 상대적으로 적다. 반면 진보는 변화 지향적이어서 과거의 성과를 폄하할 가능성이 많다. 이렇듯 어느 한쪽 편에 서서 자신만을 강조하는 것은 최선을 다하고자 하는 성誠에 위배되는 행위다. 동시에 성성性誠한 존재인 인간의 가능성과 가치를 협소하게 취급하고 소홀히 대하는 것이기도 하다.

보수와 진보는 같지는 않지만 아주 다르지도 않다. 그 속에는 서로 상대방의 속성을 갖고 있다. 보수는 진보성을 진보는 보수성을 내포하고 있다. 시간이 흐르면 닮고 싶지 않는 상대방으로 변하게 된다. 때가 되면 복고풍이 유행하는 것처럼 과거 모습이 미래에 다시 살아난다. 현재의 모습이 미래에는 낡은 것이 되었다가 새로움을 만드는 거름 역할을 하게 된다. 고루한 옛 생각과 번뜩이는 혁신은 당장에는 크게 차이가 많이 나는 것 같지만 중도로 보면 성도誠道에 없어서는 안 될 것들이다.

이렇게 동양 정신으로 비추어 보면 보수 진보라는 명칭을 부여한 것은 틀렸다고 생각한다. 인간을 제대로 파악하여 취한 입장이 아니다. 성誠을 근본으로 보면 보수 진보라는 고정된 입장은 실소를 금치 못하게 한다. 왜냐하면 서로 엎치락덮치락 할 것이기 때문이다.

천지지도天地之道는 성誠하며 순順하다. 성, 순은 무이무잡불식無貳無雜不息이며 무간단선후無間斷先後이다. 세상은 진실되고 순수하여 그대로 잡스럽지 않으며 끊어지거나 고정된 것이 아니다. 불佛에서 불일불이不一不異 불상부단不常不斷 불래불거不來不去와 같은 이야기이다. 보수를 낡은 구태라고 특징 지우고 진보를 혁신이라고 평가하는 것은 한쪽 측면만을 강조한 것이다. 어쩌면 물질 만능과 대립을 불러일으키기 쉬운 서구 정신의 산물로 보아도 무방하다.

원래 중도 세계에서는 보수도 진보도 없다. 지성무식至誠無息하는 도리만이 있을 뿐이다. 쓸데없는 경쟁과 대립적 요소가 없는 동양 정신은 인간이 해야 할 실천의 기준을 너무도 선명하게 일깨워 주고 있다.

보수와 진보 논쟁은 어쩌면 인생을 낭비한 최고의 어리석음일 가능성이 크다. 나는 보수다 또는 진보다라고 떠드는 사람들에게 들려주고 싶은 구절이 있다. 중용에 "군자는 오기문지저惡其文之著 은연이일장闇然而日章 소인은 적연이일토的然而日土라" 군자는 그 문체가 드러남을 싫어하지만 은은한 가운데 날로 드러나고 소인은 선명하나 날로 없어진다는 뜻이다. 보수는 그들의 특징인 수구와 구태를 지양하고 진보는 빠지기 쉬운 이념의 과잉과 당파적 논쟁을 삼가는 것이 필요하다.

인간은 진보와 보수의 양면을 동시에 가지고 있다. 영원한 진보나 보수는 없다는 것을 인식할 필요가 있다. 그 모두를 아우르고 통괄하는 중도 정신을 재생하여 더 이상 허망한 편가르기를 줄여 나가야 한다. 보수와 진보의 대립은 역사를 발전시키는 것이 아니라, 분쟁을 격화시켜 역사의 아픔을 증대시키는 것에 불과하다. 그 피해는 고스란히 인간 자신에게 돌아온다. 특히 서민층과 취약층은 영문도 모른 채 피해를 당한다. 중도를 벗어나면 모두가 피해자인 셈이다.

더 이상의 상처만 남는 소모전을 끝내고 인간 본연의 중도라는 최

상의 지혜에 힘쓸 때이다.

중도中道와 중도中途의 차이

　인간은 태어나서 어떤 목표를 가지고 산다. 인생에 무엇을 하고자 하는 목표가 없다면 교육도 사회생활도 의미가 별로 없다. 사람들은 대부분 부와 지위를 원하며 특별한 인격의 완성을 목표로 삼는다. 또는 그냥 아버지, 어머니가 되는 꿈을 가지기도 한다. 아무튼 누구나 어떤 방향을 설정하여 먹고 자고 사랑한다는 이야기이다.

　그러므로 인간들에게 익숙한 것, 자연스러운 것 중 하나가 '나는 어떤 길을 가고 있나?'라고 자각하려는 습관이 몸에 배어 있다는 사실이다. 이런 습관적인 관념은 어떤 꼭짓점을 향하여 나아갈 때 올바른 길로 인식하게 한다. 어떤 목표를 향해 노력하고 애쓰는 모습을 아름답다고 여기게 한다. 무언가에 열심히 최선을 다해 땀을 흘리는 많은 이야기에 감동을 하게 된다. 이런 전全 과정을 통하여 내 존재의 목적을 자각하고 자부심을 느낀다. 주체성을 확립하고 자신의 가치를 부여하고 인정한다. 인생의 종합편이 완성되어 가는 과정이기 때문에 희노애락 그 자체가 행복한 것으로 느끼게 된다.

　그런데 이런 과정을 보다 명확하게 인식하지 못한 결과 중도中途

라는 제한적인 사고에 머물게 된다. 인간이 태생적으로 가지고 있는 목적 달성을 위한 유전자를 단지 꼭짓점을 향해 가는 단선적이고 기계적인 방향성으로 이해한 결과이다. 무조건 어떤 길을 향해 걸어야 한다는 본능을 가진 중도中途를 중도中道라고 착각하는 경우이다.

중도中途라는 것은 가령 중간 길이며 중간적 모습이다. 정치적으로는 보수지만 보수가 아닌 개혁성도 가지고 있는 듯한 입장이다. 또한 개혁 진보도 보수성을 이해하는 듯한 온건주의를 표방하는 입장이다. 이들이 중도를 말할 때 난 과격분자나 꼴통 보수가 아니라는 뜻도 들어 있다.

흔히 정치권 인사들이 중도 보수요, 중도 개혁이요 또는 중도 노선이라고 한다. 그러나 그들이 말한 중도는 중도中途일 뿐이다. 수학적 길이의 중간이나 도형의 가운데를 지칭하는 도식적 해석이 깔려있다. 인간이 가진 태생적인 방향성을 단선적으로 받아들여 해석한 입장이 정치권에서 말하는 중도中途 노선이다. 단연코 중도中道를 말한 것은 아니다.

그렇다면 중도中途는 어떻게 중도中道로 변화 발전해야 하는가? 먼저 중도, 중간 길이란 개념 역시 편견偏見, 변견邊見임을 인식하는 것이 좋겠다. 그리고 극단, 양변, 중간에도 머물거나 빠짐이 없는 통합된 견해로 발전해야 한다.

특히 정치권은 유독 한쪽 편을 만들거나 조장하거나 속해 있어야 살아남을 수 있는 환경을 만든다. 인간의 다양성 때문에 같은 입장, 다른 생각은 당연하지만 정치권에선 유별나게 차이성을 부각시킨다. 그래서 당파를 만들고 분파를 형성하는 것이 일반화되어 있다. 더 나아가 자신 아닌 다른 상대방들을 비판하고 공격하기 일쑤다.

인간의 다양성 때문에 탄생한 정치가 오히려 자신만 옳고 타방은 그르다는 정쟁으로 점철하는 이유가 무엇인가? 그 이유는 편견에 길들여져 있기 때문이라고 진단할 수 있다. 인간은 본래 어울려서 지내야 하고 어떤 방향으로 목표를 설정하고 살아야 하기 때문이다. 그래서 사회가 구성되었고 모두 다 일치할 수 없으니 반대편도 생기고 적도 생기게 마련이다. 이런 차이가 생기는 것은 당연하고 자연스러운 것 같지만 그것을 굳이 조장할 필요는 없다고 생각한다. 자신들만의 입지를 위해서 상대방을 밟지 않는 것이 참인간이기 때문이다. 참인간은 배타적 정치를 하지 않으며 선의의 정치를 지향한다. 정책으로 국민의 인정을 받으려고 하며 정쟁이나 권모술수로 대중의 지지를 받으려 하지 않는다. 그야말로 혐오스런 정치를 배격한다.

이렇듯 일부러 차이를 만들거나 한쪽 면만을 부각하고 강조하지 않는 것! 이것이 중도中道를 행하는 것이며, 사견이 끼어들 소지를 줄이거나 차단하는 지름길이다. 중도中道에서 보면 타他를 부정하는 것은 몹시 어긋난 생각이며 잘못된 행동이다. 그래서 다툼이 잦은 정치권에서 중도주의를 표방하는 것은 중도中道일 수 없으며 어불성설이다.

또한 중도中道는 수신修身의 길이기도 하다. 요즘 젊은이들은 소위 스펙을 쌓기 위해서 자격증을 따고 해외 봉사 활동도 한다. 전문 지식과 경험을 연마하고 체력 단련도 열심히 하는 모습을 보면 유儒에서 강조한 수신의 현대화가 된 듯하다.

하지만 수신을 사회적 필요에 부응하기 위한 노력으로만 국한시켜선 안 된다. 그보다 우선되는 것은 본성本性 덕성德性이 발현되도록 지성至誠해야 한다. 실력과 지식을 쌓고 경력을 높이는 과정은 수신의 일부분이다. 스펙을 쌓는 것은 수신의 초보적인 과정일 뿐이다.

공자는 그의 제자인 자하子夏에게 "여위군자유 무위소진유女爲君子儒 無爲小人儒"(『논어』 「옹야편」)라고 한창 공부하는 젊은이에게 권면하고 있다. 군자인 학자는 자신을 위하여 공부하는 것이요, 소인인 학자는 남을 위하여 즉 남에게 명예를 얻기 위해 공부한다는 뜻이다. 공부하고 스펙을 쌓는 것이 사회의 일원으로 역할하는 자아실현의 방안이기 때문에 공자의 말씀을 100% 현실에 적용하기는 쉽지 않다.

그러나 근본적으로 공부의 목적은 자신의 인격을 도야하고 참사람됨을 이루는 것에 있다. 수신과 극기를 통해 군자가 되고자 함이 목표이다. 수행을 통해 아라한이 되는 거대한 포부를 달성해 가는 과정이 공부이다. 이런 목적을 실현하는 중도中道를 공부해 나간다면 현대의 고질적인 배타적 경쟁이나 불평등이 감소한다. 더 나아가 우리가 살고 있는 사회에 이바지하고 자아실현의 기회는 더욱 넓어지는 효과를 가져 올 수 있다.

수신修身의 길인 중도中道를 추진해 나갈 때 최고의 지성으로 성장해 갈 수 있다. 그리고 사회 구성원들에게 바람직한 영향을 줄 수 있다. 또한 역사 발전의 굳건한 토대를 구축하는 데 기여할 수 있다. 즉 사회 구성의 부품이 아니라 주인으로 자리매김할 수 있는 것이다. 자기 삶의 주인이자 사회의 기반이 되려면 중도中途에 머물지 말며 중도中道를 실현해 가야 한다.

『대학』에서 말하는 예, 악, 사, 어, 서, 수 등을 공부하는 것은 진리를 닦아 마음을 바르게 하고 자신을 닦아 사람들을 이롭게 함에 있다. '궁리정심수기치인窮理正心修己治人' 한다. 본래 수신은 취직하고 살아가기 위해서도 필요한 것이지만, 바르게 살아가고 도리를 닦아 완성된 인격체를 이루는 것이 목표이다. 이런 것은 웬만해선 정치권에서 이루기 어려우며 경쟁 사회를 부추키는 신자유주의 체제에선 달성하기 어려운 과제이다. 더 나아가 서구 사상의 근간이 되는 소유와 적자생존의 경쟁적 가치관으로는 결코 이룰 수 없다. 더 나아가 본질적으로 수신과 중도에 다다를 수 없다.

편협한 중도中途주의가 진정한 중도中道가 되기 위해선 정치권의 일대 혁신이 필요하다. 진보와 보수 세력의 두 끝을 동시에 포괄하여 조화롭게 통합하는 길을 가야 한다. 중도에 있는 새롭고 혁신적인 요소를 잘 배우고 활용해야 한다.

우리 겨레의 상황을 예로 들어 보자. 먼저 남북이 갈라져 있으니 서로의 이념과 편견으로 나뉘어 행동을 한다. 각자의 입장을 견고히 하기 위해 국민의 동의와 합의를 추구한다. 그 결과 북한은 절대적인 주체사상을 구축하였다. 반면 남한은 진보, 보수가 자유로운 논쟁을 지속하고 있다. 북한의 주체사상이나 남한의 좌우 논리가 서로를 배척하기만 한다면 통일의 길은 멀고 멀어질 뿐이다.

　자신의 입장에 고정되어 있을 때 변견과 편견은 자라나고 문제를 악화시킨다. 때문에 변견에 머물지 말고 통일해야 한다. 통일하려는 입장을 견고히 하려면 통합적인 중도 사상에 입각해 있어야 한다. 남쪽의 자본주의를 고집하지 않는 자세가 중요하다. 북한도 자신의 체제를 완고하게 지켜서는 안 된다. 시간이 많이 걸리겠지만 남북한이 각자의 입장만 고집하지 않겠다는 확고한 믿음을 보여야 하며 서로의 장 단점을 골고루 파악하여 대화하는 깊은 교감이 필요하다. 그렇게 하지 않고서 통일은 이루어 질 수 없다. 요즘 주변 강대국의 갈등 국면에서는 더더욱 우리 겨레의 통일은 서로를 인정하는 강력한 자세가 있을 때 가능할 것이다.

　한편 대한민국 사회는 빈부 격차가 심하다. 재벌과 중소 영세업, 특권층과 서민, 사용자와 노동자가 심하게 갈등하는 사회이다. 대한민국이 살 만한 사회가 되려면 이익과 이해관계에 첨예하게 대립하고 몰입하는 사견邪見을 지양하고 줄여 나가야 한다. 사유 재산과 소유를 최대의 지상 과제로 하는 극심한 자본주의 성향을 극복해야 한다. 이는 수신과 극기의 과정이며 중도를 실현하는 속에서 현실화될 수 있다. 그렇지 않고서는 건강한 공동체로 성장하기는 불가능하다.

　마지막으로 서구의 철학과 근대 문명의 한계를 인식하고 동양 정신의 깊고 넓은 철학을 재인식하는 과정이 필요하다. 우리에게 전해진 전통 사상이란 보물을 그동안 너무 방치해 왔다. 학교 교육과 사회 교육에서 동양 사상의 핵심인 중도를 전해주는 프로젝트와 프로그램이 많이 실천되어야 한다.

다행히 인문학 강좌가 유행처럼 활성화되어서 희망적이긴 하다. 그러나 이러한 기류도 진실과 도리를 알아내려는 중도의 깨달음에 기초해야 더욱 발전할 수 있다. 현대의 경쟁 사회에 지친 사람들에게 잠시 쉴 곳을 제공하는 정도의 인문학 강좌로는 턱없이 부족하다. 보다 근본적인 동양 사상을 우리의 생활과 교육에 적용하였으면 한다. 더우기 우리의 철학적 기반을 공고하게 재정립할 필요가 있다.

우리가 가지고 있는 생각과 제도가 서구 사상에 기반하고 의존하고 있음을 부끄럽게 생각해야 한다. 스스로 중도 사상의 본질인 성성性誠한 인간의 모습을 인지하는 과정이 마련되어야 한다. 학교와 사회에서 이런 과정을 경험하게 하지 못하면 경쟁과 불평등은 여전히 기승을 부릴 것이다.

대한민국의 교육 제도가 학력 제고와 입시 위주로 짜여 있고, 서양 기준의 학력 사회가 고착되어 있다. 청소년들이 뜻을 세우고 펼쳐갈 창의성과 창발성을 제약하고 있다. 결국은 동양 정신을 담지하는 큰 그릇을 만들기 어렵다. 학교 교육과 사회 교육 모두에 우리의 고유 사상을 담은 제도와 내용이 절실하다.

이 모두는 정치권이 중도 사상을 제대로 이해하고 실행할 때 개선되고 희망을 가질 수가 있다. 하지만 지금의 협애한 정치 사상력으로는 길이 멀다. 진실로 중도中途가 아닌 중도中道 보수 중도中道 개혁 중도中道주의자들이 나와서 대한민국 사회를 혁신하고 정치를 변화시켜야 한다.

수백만 국민이 모인 촛불 광장은 지역, 견해, 세대를 통합하고 차이를 뛰어넘었다. 이러한 다양성의 융합은 중도中道 정신의 발현이며 정수였다. 국민이 주권자이며 나라의 주인임을 여실히 보여준 촛불항쟁은 바로 중도中道의 촛불이었다. 어정쩡한 편견이며 변견인 중도中途 보수, 중도中途 진보, 중도中途주의자는 통합과 융합의 정신을 다시 배워야 할 것이다.

촛불 광장은 원융무애한 세계와 진정한 화합을 통한 자유를 추구하는 장場이었다. 이는 중도 정신의 핵심적 실천 양태이다. 우리는 중도 실현의 주체자이자 목격자였다. 참으로 행복한 순간들을 경험하였으며 체험하고 실천하였다. 촛불 정신이라는 집단 지성의 발현태가 중도임을 알게 되었다. 이러한 소중한 깨달음을 더욱 우리 사회에 실현하여 남북 대립과 남남 갈등을 치유해 가야 한다. 이 모두는 갈등과 대립을 해소할 수 없는 중도中途가 아니라 진정한 중도中道로 이룰 수 있다.

인문학의 원형

　인문학人文學 탄생은 어디에서 시작되었을까? 이 질문은 어쩌면 바보스런 것일지 모른다. 인간이 언어와 글(문자)을 사용하면서부터 '인간이란 무엇인가?'라는 질문을 해 왔고 이것이 인간의 문화를 만들었을 것이기 때문이다. 그런데 굳이 이를 분명히 하고자 함은 어느 철학자의 글에서 혐오스런 기분이 들어서이다. "14세기 이탈리아 르네상스 운동은 바로 암흑시대에 빛을 가져오는 서막이랄 수 있다. … (중략) … 다시 태어난 주체는 '인간' 자신이었다. … (중략) … 인간다움과 그것을 숙고하는 인문학이 탄생한 것이다. … (중략) …"(『철학대철학』 그린비출판)

　필자가 보기에 르네상스와 서구 현대 문명의 발전은 인문학을 융성하게 한 것인지는 몰라도 탄생하게 된 배경은 아니다. 만약 서양에 국한해서 신학의 굴레를 벗어나 인문학이 탄생한 것이라고 표현하였다면 수긍하겠다. 그러나 르네상스가 인문학의 최초 탄생이란 의미라면 문제는 심각하다.

　서양 중세 암흑 시기가 길었던 만큼 찬란한 르네상스의 출현은 인간 정신의 승리이기도 하다. 그러나 인간의 문명은 그 이전에도 찬란했던 바 동서양을 막론하고 심오한 문화유산을 남겼다. 심지어 아메리카의 인디오 문명, 잉카 문명, 아마존의 원시 부족의 문화생활도 결코 인문학과 동떨어진 별개의 것이라고 볼 수 없다.

더더욱 동양 정신 문화의 원류原流인 유불儒佛 사상도 인문학의 출발처이자 중심을 형성하고 있다. 동양 사상이 최초 인문 정신의 아키타입이다. 그런데 르네상스가 인문학의 최초 탄생이라고 표현한다면 곤란하다.

만약 그렇다면 동양 전통 사상에 대한 모욕이자 지구 전체에 퍼져 살고 있는 사람들에 대한 비하로 연결될 수 있는 서양 중심적인 사고 체계일 뿐이다.

유교에서 인간이란 천명天命을 담지한 생명체이며 불교에서 인간이란 연기緣起적 존재라고 정의했다. 천명을 따르고 실행하는 인간은 개인차가 있고 기품에 구애를 받지만 소학小學 대학大學을 하여 수신한다. 즉 인人의 본성을 항상 닦아나가는 길을 보여 주고 있다.

그리고 연기적 존재는 모든 사물과 조응하여 존재하는 이치를 깨달아 만물 평등 사상을 열어 간 고귀한 정신이다. 이렇게 최고조에 이른 인간 정신이 서양의 근대 철학에 인문학의 효시라는 지위를 빼앗길 순 없다. 르네상스가 부각시킨 서양 근대의 인문학 정신은 인간을 중심으로 한 사고 체계인 것은 틀림없다. 그래서 이성의 중요성을 다시 반복해서 강조한 의미를 가지지만 만일 인문학의 최초 창조라는 해석이라면 어불성설이다.

모나리자   데카르트

데카르트의 "나는 생각한다. 고로 존재한다"라는 명제의 가치가
도리道理와 자비慈悲 정신인 유불의 인간다움을 능가할 수 있는가를
살펴보는 것으로 혐오감을 씻어내고자 한다.

근대 정신이 잘 응축되어 있는 서양 철학의 발전은 대체로 경험
론과 인식론의 대립이란 구도 속에서 전개되어 왔다. 그 논쟁의 소
용돌이 속에서 무수히 많은 천재적 철학자들이 명멸했다. 그들의 텍
스트는 화려했고 사유는 깊었다.

인간의 생각과 인간의 가치를 인간 중심적으로 헤아리고 부여하
는 것이 서구 휴머니즘의 출발이었다. 따라서 데카르트의 명제가 드
높은 가치를 지니는 것은 틀림이 없다. 그 결과로 봉건 사회와 신학

에 예속되어 인간의 존엄을 억누르던 굴레와 불행을 깨뜨렸다. 좀 더 자유로운 삶을 향한 인간 존엄성의 재발현은 매우 의미가 크다. 그런 의미에서 서구 근대 철학의 아버지라 불리는 데카르트의 성찰은 정신세계를 풍부하게 하였다.

그 후 발전을 거듭하는 서구 사상의 매력은 산업 문명의 발달과 함께 아카데미의 진수인 것처럼 인식되기에 이르렀다. 그리하여 현대 문명의 초석을 놓는 데 기여하고 인간 정신과 철학 사상의 풍요를 가져왔다.

이러한 눈부신 성과는 서양 문물의 도입과 더불어 동양인에게는 경이로운 대상이 되어 갔다. 동시에 이를 배우고자 하는 당위성이 확고하게 자리를 잡는다. 이러한 시대 조류는 곧 대한민국 사회의 주류가 되었다. 우리의 삶이 근대화라는 텍스트 속에서 영위하게 되었다. 즉, 우리가 선택했으면서 지배당하는 양상이 벌어진다.

그 결과로 철학적 사고 체계와 문화 양식이 서구화되어 갔다. 그리고 문명의 최고봉인 것처럼 인식하게 된다. 과학 문명과 근대화가 주입되고 역사 발전 사관의 기준을 서양 논법으로 정하게 된다. 우리의 사고방식이 서양 철학에 잠식당하는 가운데 동양 정신은 홀대받는 길로 들어서는 모양새이다.

대체로 이러한 사조는 서양 철학이면 고급 문화인 것처럼 착각하게 만든다. 그리고 그 매력 속에 빠져 기존의 가치를 망각하는 경향성을 띤다. 마치 사랑하는 연인에게 콩깍지가 쓰인 것처럼 무조건 좋게 느껴지는 짝사랑에 빠져들게 한다. 이러한 상황이 현재 철학계를 지배하는 주류가 되었다. 그 결과 서양 철학에 이끌려 서양 문명에 매몰하게 된다. 우리의 생활 양식과 사고의 기준이 서양화되어 갔다. 우리는 이를 글로벌 스탠다드라고 해석하고 있는 중이다.

그러나 필자가 보기에 우리 사회가 서구 문명으로 현대를 어떻게 발전시키고 어떤 기여를 했는지 의문이다. 압축 성장하면서 발전하였지만 모방하고 따라가기에 급급했던 건 아닌지 자문해 본다. 우리 국민들이 열심히 살지만 경쟁이 심하고 스트레스가 많아지는 이유라고 생각한다. 이것은 우리 역사 발전의 원동력이 자주적이지 못해 생긴 결과라고 볼 수 있다.

우리는 우리의 문화와 생각과 사상을 기반으로 변화 발전하지 못하고 있다. 도입되고 주입된 서구 사상과 문명에 휘둘리는 시기가 우리의 근현대사가 되었다. 따라서 동양의 일반인들에게는 문화적 이질성으로 인해 서양 철학은 어렵고 난해하게 느껴지는 한계를 지니게 하였다. 기본 학문인 철학이 그저 그런 공부가 되었다. 급기야 먹고 사는 데 별 도움이 안 되는 지식으로 폄하되기에 이르렀다. 그 결과 상징적으로 아카데미의 전당인 대학교에서 철학과가 인기 없는 불필요한 학문인 것처럼 치부되기까지 한다.

우리의 사유를 지탱해 주고 삶의 지표를 설정해 주는 기본 학문인 철학이 소외되는 이유를 여기서 찾을 수 있다. 서양 철학에 경도된 상황은 무언가 동양인에게 불편을 가져다 주었다. 우리처럼 전통 있는 문화 양식이 있는 민족에게는 외부로부터 주어지는 사상이 쉽게 융합되지 않는다. 뛰어난 언어와 철학이 있는 대한민국이 서구 철학을 능동적으로 요리해서 흡수한다면 모를까 기계적으로 답습한다는 것은 오히려 철학과 거리가 멀어지는 결과를 초래한다. 현재 우리의 삶 속에 그다지 철학 사상이 중요하게 자리 잡고 있지 못하는 원인 가운데 하나일 것이다. 그러니 인문학이 쇠퇴하고 문사철文史哲이 생활과 멀어지고 쇄락하는 지경에 이르렀다.

아이러니하게도 선진 강국을 고대해 마지않는 작금의 대한민국은 발전하고 있지만 그 정신적 토대는 튼튼하지 못하다. 어디 지구상에 선진국이 자신들의 철학 없이 성공한 사례가 있단 말인가! 대한민국이 진정 선진 강국이 되려면 우리 자신이 익숙하고 스스로 발전시킨 우리의 철학을 확고하게 자리 잡아야 한다.

즉, 인문학의 쇠퇴는 서구 사상에 대한 무분별한 인정과 도입에서 비롯되었다고 생각한다. 동양인의 영원한 유산인 유학 서적과 불교 경전을 보면 '인간은 무엇이며 무엇을 해야 하는지' 확고하고 명확하게 나와 있다. 그 한마디 한마디는 한 가정의 가훈으로 액자에 담겨 있을 정도로 우리 생활과 밀접해 있다.

동양 정신은, 인간은 성성性誠하며 연기적 존재이니 끊임없이 변화하는 자연 속에서 항상 깨어 있으라고 주문한다. 인간의 존엄함에 대해 역사적으로 면면히 우리와 공기처럼 호흡을 함께하고 있다. 동양 사상을 조금 배운 사람들도 쉽게 접할 수 있는 『대학』의 삼강령三綱領과 팔조목八條目 중 격물치지格物致知에 이러한 의미가 모두 담겨 있다. 하지만 후대의 철학자들이 유불儒佛의 말씀을 보다 풍부하면서 유익하게 연구하고 시대에 걸맞는 생각으로 발전시키지 못했다.

그런 상황이 우리 사상의 텃밭을 서구 철학에게 내주게 된 계기이다.

앞에서 잠깐 언급하였지만 현대의 삶이 경쟁적이고 복잡한 것은 서양 철학의 성장과 무관하지 않다. 경험론과 인식론의 상호 경쟁적 사유는 변증법적 유물론, 대륙의 합리론, 경험론으로 열매를 맺고 치열한 사유의 분화로 현대 서양 철학의 다양한 사조로 재탄생한다. 이러한 과정 자체가 그들의 생활 방식과 더불어 현대 유럽의 풍요를 이루기도 하고 물질 우선의 약탈적 자본주의로 자리매김되기도 한다. 그래서 한때 제국주의와 자연을 정복하는 만행이 저질러지기도 하고 유럽식 복지 국가가 되어 선망의 대상이 되기도 한다. 서구 유럽에 있어 사상의 변천은 그들의 풍요와 발전을 견인하는 자생적 토대였다. 그들의 문화와 생활 양식을 형성하였고 서양 문명을 확대 발전시켰다. 그 결과 보다 자유롭고 격조 있는 사회상을 만들 수 있었다.

이처럼 서구 유럽과 사상에서 배울 것은 그들의 사상과 문명만이 아니다. 본받을 것은 그들처럼 우리도 우리의 사상과 문화에 기초한 발전을 기본으로 해야 한다는 점이다. 역사 속에서 우리에게 녹아 있는 자주적인 사상과 드높은 정신을 갈고 닦아야 한다. 그것이 우리가 서구 문명과 대등하게 인류 발전을 견인하고 기여하는 바른길이라 생각한다.

유불儒佛 고전 중에서 인간의 성성性誠과 연기적 존재임을 나타내는 글귀를 인용한다.

"대학지도大學之道 재명명덕在明明德 신민新民 지어지선至於至善 격물치지格物致知 성의정심誠意正心 수신제가修身齊家 치국평천하治國平天下"(『대학』)

"범소유상凡所有相 개시허망皆是虛妄 약견제상비상若見諸相非相 즉견여래卽見如來"(『금강경』)

"입즉효立卽孝 출즉제出卽齊 근이신勤而信 범애중汎愛衆 친인親仁 행유여력行有餘力 즉이학문則以學文"(『논어』「학이편」)

한문의 큰길이자 안내서인 『대학』의 첫머리에는 인간의 본질을 밝히고 인간을 새롭게 혁신하며 최고의 가치를 이루게 하는 도道의 목적을 제시하고 있다. 그 목적 달성을 위해 세상의 이치를 궁구하고 자연의 마음으로 수신하게 한다. 그래서 세상이 온전히 평화롭게 된다는 이상향을 실천 가능한 범위 내로 현실화하고 있다.

이는 인문학이 추구하는 인간다움을 가장 넓고 크고 세밀하게 표현한 사상이다. 인문학의 정수에는 중도中道라는 세계관이 녹아 있다. 중도가 없으면 인문학이라 할 수 없다. 『금강경』에서 말하는 모든 것이 허망하다는 말은 모든 것이 생명으로 충만되어 있다는 반어법이다. 인간들이 진실한 말을 의심하는 습관이 있기 때문에 도와 진실의 의미를 역설과 비유로 나타내 가르쳐 준다.

모든 것이 변화하고 고정되어 있지 않으므로 덕을 밝히고 선을 이루고자 하는 것이 수신의 길이다. 좋은 뜻을 세워서 효와 바름과 신의를 지키며 모든 사람들과 더불어 함께 살아가는 충서忠恕뿐인 인仁의 세계는 중도中道의 삶이다. 그런 다음에 혹 남은 힘이 있으면 공부하라는 실천적 철학이다.

중도中道는 인간이 무엇이며 어떻게 살아야 진정한 인간다움을 발현 지속할 수 있을지 보여 주는 지침이다. 중도中道에 내재된 성성性誠한 존재인 인간의 존재 가치를 드러내는 인문학의 세계는 동양 정신으로 풍부해졌다. 그래서 인문학의 아버지는 중도이며 동양 정신이 아닐 수 없다.

중도의 깊고 넓음은 가히 우주를 포용한다. 서양 인문학의 발전도 중도中道 속에 포함되어야 그 가치가 더욱 빛날 것이다. 중도를 지키고 실천하는 것이 진정한 인간다움인 것을 모두가 헤아릴 때이다. 인문학의 효시嚆矢에 동양 사상이 자리 잡고 있으며 참으로 묵연默然히 머물고 있다. 서양 사상이 감히 넘볼 수준이 아니다. 우리 동양인의 정체성을 근본적으로 다시 세우고 가다듬을 일이다.

흔하고 평범한 중도中道

"물유본말物有本末 사유종시事有終始 지소선후知所先後 칙근도의則近道矣"(『대학』)

하늘에는 햇빛과 공기가 있고 땅 위에는 물이 흐른다. "모든 존재는 태어나고 죽으며 일에는 처음과 끝이 있고 앞뒤를 가릴 줄 안다면 도에 가깝다."

자연은 인간에게 어버이다. 그런데 대지 위에 태양 빛과 공기와 물로 살아가면서 소중함을 망각할 때가 많다. 반면 인위적으로 만들어진 것들에 대해서는 가치가 있다고 소중하게 생각한다. 흔하디 흔한 자연은 당연한 것이어서 귀한 걸 깜박한다. 자연은 소중하지만 누구나 공유하는 만큼 보호를 받거나 특별한 관심을 끌기 어렵다. 공유지의 비극이란 개념이 탄생하는 이유이기도 하다.

그래서 사람들의 머릿속에는 집, 가족, 직장, 자동차, 사회생활과 연관된 것들로 꽉 차 있다. 사회라는 틀을 인간이 만들었으니 인공물들은 당연히 소중하고 중요하다. 그러나 인간의 손으로 만든 사물은 아끼고 보듬고 하지만 공기나 물 같은 공유물은 그만큼은 아니다. 이와 같이 사람들 마음속에는 인공물과 자연을 대하는 차이가 존재한다. 소유와 공유의 차이와 내 것과 우리 것의 차이로 나타나게 된다. 그래서 인간은 사회의 창조자이며 그 창조물 속에 헤메이는 피조물이기도 하다. 인간이 무수히 만들어낸 유물有物을 인위적이라고 가치를 깍아 내릴 필요는 없다. 그러나 인위적인 유물에 함몰된다면 황금만능주의와 무엇이 다르단 말인가?

자연은 인간의 모태이지만 사람들은 그 소중함은 쉽게 잊는다. 반면 인간은 사회란 틀 속에 살아가지만 그 속에서 사람이 비교당하고 소외되는 것이 현실이다. 이를 변화시키고 바꾸기 위해서 무엇이 필요한가? 먼저 자연을 중도의 관점에서 살펴볼 필요가 있겠다.

한마디로 자연은 불식不息이며 지성至誠이다. 쉼 없이 변화하고 순환하고 날로 새로워진다. 이 속에는 약육강식과 적자생존, 적응력이라는 생명체의 본능적 요소와 조화, 순응, 상의성, 협동의 이성적 요소가 동시에 내포되어 있다. 자연의 이理란 본질에는 본능적 요소와 이성적 요소가 완벽하게 융합되어 있기 때문에 자연은 건강함 그 자체라고 생각한다. 그러므로 인간의 역할을 보다 이성적으로 유지해야 자연의 가치가 더욱 빛을 발할 수 있다고 여겨진다.

동양 정신에서 천명, 도를 강조하는 것은 이 때문이다. 인간은 하늘(자연)이 부여한 성性을 가진 존재이나 그 기질과 품성이 달라 도道에 어긋나기 일쑤이다. 이를 고치기 위해서 수신 극기하고 절차탁마가 필요하다. 인간은 자연을 소중하게 생각하고 그 긍정성을 배우고 익혀 나가야 한다. 또한 사회생활에서도 자연의 품성을 닮아 가는 노력이 필요하다.

자연에 기대어 살아가면서도 반자연적인 인위적 삶에 무게 중심이 있는 것이 우리의 삶이다. 그래서 무게 중심을 옮기는 것이 필요하다. 즉 인욕人慾의 사사私私로움을 인욕人慾의 자연스러움으로 바꾸어야 한다는 생각이다. 인욕人慾의 사사로움은 사욕邪慾이며 인욕人慾의 자연스러움은 사욕私欲이기에 수신과 극기, 그리고 수행을 거쳐 사도私道를 이룬다.

인간이 생존하고 잘 살고자 하는 것은 당연지사이다. 이러한 욕구를 충족하고 건전하게 유지하기 위해서는 자연을 닮아야 한다고 생각한다. 자연의 빛, 공기, 물처럼 극히 중요하면서도 가장 평범한 가치를 소중하게 여겨야 한다. 인간의 욕구를 나와 내 가족이 잘 사는 것만으로 제한하지 말아야 한다. 자연의 이성적 요소처럼 우리 모두가 조화롭게 잘 살게 되는 것을 목표로 삼으면 좋다.

우리 모두가 잘 사는 것은 사치를 줄이고 소박하게 사는 것이다. 내 욕심을 줄이고 우리의 욕심을 고루 만족시키는 데 있다. 그래서 저 사람은 제 실속만 챙긴다는 비난이 줄고 저 사람은 우리를 먼저 생각한다는 칭찬이 자주 많이 생겨야 한다. 그러기 위해선 내 것, 내 집, 내 자동차, 내 명예 따위의 개별적 욕심의 사사私私로움을 벗어날 필요가 있다. 조화와 협동으로 생활해 나가는 고급한 욕심을 부릴 줄 아는 삶이다.

그것은 먹고 입고 쓰고 하는 생활 요소를 나누는 데 있다. 육식을 줄이고 옷을 나누고 자동차도 줄이고 자전거를 늘리며 기부하며 봉사하는 인생을 만든다. 비난이나 거친 목소리를 줄이고 향기로운 말 한마디를 하도록 노력하는 삶이다. 우리의 삶터인 사회 전반에서 되도록이면 다툼을 줄이고 서로를 인정하는 평등한 세상을 만들어 간다. 권력자는 더욱 겸손하며 힘 있는 자는 약자를 도와주며 거부巨富는 가난한 이를 보살핀다. 이와 같이 되지 못함은 모두 반反자연적인 모습이며 중도에서 벗어나 저급한 단계에 머물게 된다.

우리가 자연에서 배울 점은 흔하고 평범하다는 점이다. 그 자체가 너무 소중하고 중요한 것이지만 무한 공유를 하게 함으로써 자신 스스로를 낮춘다. 어디에서나 있고 누구든 쓸 수 있는 생명의 근원은 중도의 본모습이다. 마음껏 누릴 수 있는 자연의 모습에서 정말 중요하고 소중한 것은 모든 것에 차별을 두지 않는다는 점이다. 이 모습은 완벽한 민주주의라고 할 수 있다. 동양에서 최고로 평가하는 성인聖人도 온전히 실천하기 힘든 박시博施와 제중濟衆의 모습에서 발견되는 가치이기도 하다.

햇빛은 어디에나 골고루 비추며 신선한 바람은 막히는 곳이 없다. 심지어 자연재해도 생명체들의 조건이나 상황을 고려하지 않는다. 이러한 자연의 속성은 어디에도 치우친 바 없는 중도이다. 즉 중도는 생명을 살리고 죽이는 원리이자 법칙이다. 생사生死의 양극을 다 포괄하는 것이다. 이렇게 우리 삶의 핵심인 자연과 중도는 항상 같이 하고 있지만 등잔 밑이 어둡다고 잘 의식되지 않는다. 인간 속에 핵核으로 존재하는 자연성과 중도는 너무나 보편적이어서 가치를 느끼기 힘들다.

현대 인간들의 특성인 시각과 감각을 중시하는 풍토에선 더욱 그렇다. 문제는 인간 정신을 고양시키는 태도나 사려 깊은 행동을 권장하기보다 표피적인 말초적 쾌락을 만연시키는 세태이다. 그것은 보여주기식 미디어나 지나치게 화려한 문화 활동이 활성화된 것에 기인하고 있다.

과장과 말초적 눈길 끌기에 치중하는 세태이다. 대중의 인기가 거품인줄 알면서 그것에 목맨다. 치열한 경쟁 사회의 한 단면이며 현대인이 살아가는 씁쓸한 모양새이다.

이러한 시대 상황에서 우리는 진짜 인간의 중심이며 근본인 중도 정신과 보편적인 자연성을 회복해야 한다. 태어나면서부터 죽을때까지 우리가 가장 소중하게 할 일은 내면에 간직한 중도를 드러내고 발전시키는 것이다. 그것은 불식不息하는 자연스러움이다. 본래 가지고 있는 성性을 성의誠意를 다해 발현함에 있다. 곧 중도를 지키는 삶이다.

"자천자自天子 이지어서인以至於庶人 일시개이수신위본壹是皆以修身爲本"(『대학』) 위에서부터 아래까지 모든 이들이 수신을 근본으로 삼는다는 뜻인데 바로 중도를 지키는 삶이다. 이런 삶은 스스로 덕을 밝히고, 자명덕自明德 날로 새로워 지며, 일일신日日新 선한 일을 다하고자 지어지선至於至善 하는 삶이다. 이러한 『대학』의 가르침은 앞에서도 언급하였지만 천명이자 도리이다. 인욕의 사사로움이 아니라 인욕의 자연스러움이다. 자연스러움은 생멸의 법칙에 따라 누구도 거역하거나 예외일 수 없는 절대성과 보편성이 있다. 자연이

엄숙하면서 친근한 이유이기도 하다. 이를 불교식으로 말하면 '중도 적中道的 인과因果' 즉 연기론이다.

용수보살의 중론中論은 팔불도인 불생불멸不生不滅, 불일불이不一不 異, 불래불거不來不去, 불상부단不常不斷을 진정한 의미의 연기라고 정 리하고 있다. 중론의 인과 관계는 양단과 양 측면을 모두 포함하고 융합되어 있다는 진실을 나타내고 있다. 존재는 삶과 죽음이 혼재하 고, 상호 의존성과 오고 감[來去]이 물 흐르듯 시간에 따라 자연스럽 게 변해 간다. 이러한 본질 속에서 자연은 운기運氣하고 운행運行되 어 가는 것임을 팔불도八不道인 연기론은 핵심으로 다루고 있다.

물과 바람과 공기와 햇빛은 무엇도 어디에도 편애함이 없이 흐르 고 채워주고 내려준다. 그러한 이치는 매우 특별하지만 너무 평범하 다. 인간에게 제일 중요한 요소인 가장 흔하고 평범한 자연은 다시 한 번 강조하지만 조금의 사적私的 요소가 없다. 인간이 자연의 완전 무결한 공적公的 가치를 사적으로 변화시킬 때 그 소중함은 사람들 사이에 배타적으로 발현되게 된다. 인간 자신과 자신을 위한 환경에 더 많이 소유하거나 사용하고 싶은 욕망이 작동하기 때문이다. 그 결과 불평등과 사회적 약자가 양산되어 간다.

중도를 지키지 못하면 사회는 병들고 개인의 자존감은 바닥을 친 다. 본능이 지배하는 사회에서 이성이 지배하는 사회로 나아가는 데 는 자연에 내재하는 중도 정신이 동력이다. 이런 관점을 기준으로 흔하고 평범한 것이 가장 귀중한 것임을 강조하고자 한다. 이 모두 는 어디에 치우치지 말고 자연스럽게 살라는 말을 하고자 함이다.

사회생활에서 나 자신과 마주하는 모든 이들과의 관계를 평상平常의 도道로 유지하는 것이 필요하다. 지위 고하를 막론하고 서로를 존중하는 풍토가 권장되어야 한다. 흔히 대다수 서민들은 사회적 고위층과 부유층에 주눅이 들어 있다. 역사적으로 권력과 기득권의 횡포가 국민을 힘들게 했다.

하지만 흔하고 평범한 국민이 주권을 행사하는 시대가 되었다. 인간의 삶이란 우주 크기만큼의 가치를 가진 만큼 명예나 지위 또는 권력 등은 한 줌의 흙에 불과하다. 이제는 중도中道 대동 세상이 실현되어 가는 중이다. 중도 사상에는 만인 평등과 대동 세상이란 정의로운 공동체 정신이 녹아 있다.

대다수 서민들이 가장 소중하고 중요하다. 그런 만큼 서민 대중들은 자신을 존중하고 하나라도 더 배우고 서로를 아끼는 성의를 익히는 노력이 더욱 필요하다. 인간 세계에서 이것이 자연스러움이며 인간다움이며 평상平常의 도道이며 중도 세계관의 위대성이다.

다시 한 번 강조하고 싶다. 중도 세계관의 위대성은 평범하며 흔하다는 보통의 생각 속에 있다. 그 속에는 보편적인 상식과 핵심적인 진리가 한데 어우러져 있다. 우리는 그것을 평범한 진리라고 말한다. 『중용』에서 말하는 평상한 이치이다. 우리가 늘상 자연스럽게 생각하고 있는 것이기도 하다.

그런데 우리는 그것을 당연當然한 것으로 생각하면서 당연한 삶을 살지 못한다. 왜냐하면 그것이 왜 당연한 것인지 그 까닭을 깊게 생각하지 않기 때문이다. 그 까닭 즉, 소이연所以然을 궁구하지 않아서 이다. 동시에 당연하다고 하면서 자신만의 잣대로 생각하고 행동하고 있음이다. 이것이 편견과 변견을 가져오고 대립과 갈등을 불러오는 원인이다. 그러므로 궁극적인 진리는 평범하고 흔한 중도에 있다는 가르침을 등불 삼아 우리의 인생길을 밝혀 나가야 한다.

안갯속의 등불

　동서 문명의 교류와 과학 기술의 발달은 우리에게 어떤 의미일까? 인간의 능력은 계속 발전하고 있고 놀랄 만한 성과를 내고 있다. 무한한 우주에 대한 물리학의 발견과 깊은 해저에 이르기까지 실체를 파악하고 도전하고 있다. 여기에 쓰이는 지식과 기술은 고도의 정신 활동으로 인간의 한계를 짐작할 수 없게 한다.

　과학이 급속도로 발전하다 보니 인문 철학이 상대적으로 왜소해지기도 했다. 정치와 사회 사상도 과학 문명의 발전 속도를 따라잡지 못하고 있다. 과학 기술이 가져온 편리함이란 인간들에게 많은 즐거움을 주는 것이 사실이다. 건강과 먹거리, 정보와 지식, 여행과 휴식에 필요한 것들을 제공하는 과학 기술에 그저 감사할 일이다.

　한편 그 부작용도 만만치 않음을 헤아릴 필요는 있다. 먼저 인간이 만든 도시, 길, 기계들은 대부분 자연을 위배한 것이다. 자연 생태계를 차단하고 있다. 그것은 지구에 사는 인간을 제외한 동식물이나 무형물과 대척 관계이다. 인간을 제외한 자연의 동식물에게 인간의 과학 기술은 매우 적대적이다. 거대한 규모의 오염과 대량의 인위적

산물의 생산과 소비는 자연을 고갈하고 망치고 있다. 지구 입장에서 보면 상당한 스트레스이며 부하가 걸린다.

이러한 지구촌에 동서양의 교류는 정신과 물질 모든 면에서 서양이 우위를 점하는 양상이 되었다. 예를 들자면 우리의 먹거리나 생활 양식이 모두 서구화되었다. 육식 위주의 식단은 비만을 불러오고 도시 생활은 각종 현대병을 양산하고 있다. 세련된 도시 문화 뒤편에는 갈팡질팡하는 현대인의 아노미 현상이 자리 잡고 있다.

경제 발전이란 이름으로 산업화가 더딘 사회는 물질 만능주의가 더욱 기승을 부리고 있다. 보편적 민주주의가 정착되지 못한 사회는 권력이나 강자에게 유리한 절음발이 민주제인 경우가 허다하다. 빈부 편중 현상이 해소되지 않는다. 불평등으로 인해 대다수의 서민들이 양산된다. 그래서 사회적 약자의 증가 추세가 수그러들지 않고 있다.

정리를 하자면 서구 문명의 우위 현상은 성공작이기보다는 실패작이다. 그 성과와 실패를 전 지구적으로 총량을 모아 비교 계량화 할 수 있다면 긍정적 점수를 줄 수 없다고 생각한다. 특히 유교식 전통주의가 생활 문화로 남아 있는 우리 사회에서 서양 문물의 도입은 상당한 상대적 불평등과 양극화, 심각한 대립과 갈등을 초래하였다.

과학 기술의 발전이 가져온 인간 생활의 편리함 같은 긍정성이 제대로 사회에 투영되고 녹아들고 있지 않다. 그 이유는 보편적인 민주제가 정착되지 못한 상태에서는 과학 문명의 혜택도 소수의 사회적 강자에게 집중되기 때문이다. 이러한 불평등을 완화하고 제어

할 기제가 제도나 선의의 정책으로 작동되는 것이 여의치 않았다. 그 결과 서양 문물은 물밀 듯이 우리 사회를 점령하고 말았다.

사람들이 생활하는 사회 공간에서 별의별 일들이 벌어지고 있는 것은 동서양을 막론하고 별 차이가 없다. 하지만 서양 문화의 타의적 도입으로 인해 있어선 안 되는 일들이 훨씬 더 많이 발생하는 것 같다. 이러한 과도기에 발생하는 문제들을 파악하고 대응하며 해결해가는 것은 무척 어렵다. 전통 사회의 붕괴는 인간이 인간다움의 덕목으로 지니고 있는 계승과 발전, 대물림이란 성정性情을 훼손하는 결과를 가져 온다.

그런 이유 때문에 참 인간으로 살아가고자 하는 교육과 인격 도야가 잘 될 수가 없다. 더 나아가 지역, 세대, 남북 갈등을 낳았고 대립을 불식시키지 못한 근본적 이유 중 하나가 되었다. 특히 잘못된 서구 사상의 도입으로 이념적 대립 끝에 끔찍한 살육 내전을 경험한 바 있다. 현재까지도 그 후유증에 시달리는 우리의 현실이 대표적이다.

우리는 지구상에 유일한 단일 민족이라고 하면서 유일한 분단 국가이기도 하다. 단일 민족이 가진 전통 사상 속으로 서구 사상의 유입에 따른 수용과 적용이 원활하지 못하다. 그 과정에서의 혼란과 갈등은 그 골이 천 길 만 길 깊을 수밖에 없다. 우리 사회는 동서양 문물의 충돌로 인한 부작용이 중층적으로 누적되어 있다.

대한민국의 문제는 어쩌면 지구상에서 해결해야 할 핵심 과제라고 해도 무방하다. 우리 사회는 이념 갈등과 대립 그리고 물질 만능

풍조가 깊고 길게 가고 있다. 이 둘은 서구 문명의 도입에 따른 부작용의 산물이자 쌍둥이다. 대한민국의 문제를 풀어낼 수 있다면 지구촌의 새로운 희망이며 어떠한 갈등도 풀어낼 수 있는 해법을 제시할 수 있다고 생각한다.

민주화가 진전되면서 이념의 대립이 완화되고 인간의 얼굴을 가진 선진 자본주의가 정착하길 기대하였다. 그러나 여전히 좌우의 반목과 충돌은 계속되고 있으며 성숙한 경제 민주화는 아직 요원하다는 부정적 예측이 앞선다. 사회 전반에 걸쳐 경제적 강자가 독식하는 무한 경쟁론이 여전히 만연하고 있다. 불리한 게임을 수락할 수밖에 없는 다수 약자들의 고통은 계속 현재 진행형이다.

이러한 가운데 진보 세력은 정의로운 민주주의 수호자를 자임하면서도 국민의 삶의 질 향상에 필요한 다양하고 폭넓은 대안 마련에 고전하고 있다. 또한 늘 잘못된 점을 지적하려는 관행은 진보 쪽의 결함이기도 하다. 한편 보수 진영은 민주주의를 자기 편의대로 자유 민주주의로 성격을 규정하며 기득권을 수호한다. 자유 민주주의란 용어 속에는 냉전적 사고와 특권 의식이 숨어 있다. 또한 식민 사관과 사대주의가 작용하고 있다. 그러면서도 웃기는 것은 자유 민주주의라는 용어에서 풍기는 바보 영구 같은 맹목적 고지식함이다. 역전앞이라고 동의어를 반복해서 잘못 쓰는 것처럼 이념적 결벽증으로 자유를 강조한다. 이러한 양태는 우리의 전통과는 거리가 먼 서구식 사고 방식에서 유래된 것이다.

필자가 생각컨대 서구 사상은 이분법에 익숙하기 때문에 필연적으로 대립적 사고방식에 빠지게 한다. 예를 들면 그리스의 신화, 플라톤의 우주 창조, 창조주와 피조물이란 관계 규정은 인간의 자연 정복 능력에 박수를 치고 환호하게 했다. 계급 투쟁을 통한 역사 발전 사관과 적자생존이란 자연관을 갖게 한다. 또한 과학 발달이 인간의 모든 문제를 해결할 것처럼 과신하는 과학 만능 편의주의에 편승하게 한다.

이와 같이 서구 문명의 속성에는 매우 긍정적이고 과학적인 합리성으로 포장된 불합리한 면이 존재한다. 서구 유럽이 모범적인 선진국으로 자리 잡은 것은 이러한 문제점을 스스로의 경험을 통해서 인식하고 고쳐 나갔기 때문이다. 국가를 운영하면서 좌우파의 교차 집권과 경제적 이익의 분배에 적극성을 발휘하였다. 국민 복지와 평등 추구로 사회 문제를 해결해 나가는 성숙함이 있다.

서구 유럽의 풍요는 약소국을 지배하고 수탈한 데 기인한 측면도 있다. 하지만 그들 사회의 불평등을 해소하고 민주주의를 달성한 것은 내재한 문명의 힘이다. 그것은 그들이 그들의 전통 사상을 수호하고 개선하여 이룩한 성과이자 스스로의 정신세계를 지켜낸 결과이다.

그러나 우리는 그들과 상황이 다르다. 단적으로 급속하게 현대화된 우리는 거의 모든 것에서 우리 것을 빼앗기거나 왜곡되어 버렸다. 전통은 우리의 한글과 한문, 건물 양식에 남아 있으나 우리의 사고방식과 문화 생활은 모두 서구화되었다. 특히 옛날로부터 계승 발전되어 온 철학이 우리 모두에게 소중한 것이 되질 못했다. 정신세계에서 서양 사상의 영향을 너무 일방적으로 받았다.

우리는 스스로의 정신 문화를 지켜내지 못한 과오가 있다. 우리 사회 구성원들이 많은 어려움을 겪고 있는 것은 가난이나 전쟁 같은 후천적 요인도 있지만 본질적으로 서구 과학 문명에 지는 게임을 한 정신세계에 기인한 측면이 크다. 우리가 사는 이 시대가 희망이 안 보이는 안갯속인 이유이기도 하다. 그러나 실망하기 이르다. 우리에겐 중도라는 고귀한 정신이 숨어 있기 때문이다.

산 속 사찰에 가면 항상 정문을 지나가게 된다. 이 문은 일주문一柱門이나 불이문不二門이다. 우리의 고유한 건축 문화에 부처와 중생이 둘이 아니며 선과 악, 생과 사가 둘이 아니라는 진리를 대표적으로 상징하는 건축물이다. 불경佛經(『불승도리천위모설법경』)에 "밝은 지혜를 가지고 바라보면 그대로 깨달음의 세계이다. 사물에 뜻이 있는 것과 없는 것, 선한 것과 악한 것 두 가지가 있는 것이 아니다. 둘로 나누는 것은 사람의 분별심에 의한 것이다"라고 한다. 분별심은 서양의 잣대이며 심한 대립과 갈등을 야기하지만 동양 정신은 융합의 정신이다. 곧 중도라는 깨달음이며 진리이다.

과학이 발달하면 할수록 그것은 『대학』에서 말한 신민新民이어야 한다. 민民을 새롭게 한다는 것은 우리 모두에게 유익해야 한다는 것이다. 우리 모두는 인간 세계만을 지칭하는 것이 아니라 동식물 무생물 모두를 뜻한다. 중도의 세계는 모두를 염두에 두고 모두 이로울 때 인간에게도 도움이 된다는 깨달음이 있다.

현재와 같이 과학 기술의 발전이 단지 인간 소비의 편리함으로만 작동해서는 곤란하다. 자연을 정복하거나 대립의 대상으로 보지 않고 자연과 더불어 함께하는 인간을 위한 과학 문명이어야 진실한 가치가 있다. 이러한 과학의 발전과 함께 서구 사상의 단점인 대립을 통해 정신과 문명이 발전한다는 경쟁적 관점을 폐기해야 한다. 그것은 융합과 화합을 중요하게 보는 동양의 전통 사상인 중도 정신 속에서 발견되는 해결책이다.

과학과 서양 문명의 도입에 따른 부작용을 극복하는 길은 우리 고유의 정신을 지켜나가는 것이 가장 으뜸가는 방법이다. 흔히들 과학과 기술을 발전시켜 경제 강국이 되어 선진국으로 진입하자고 생각한다. 그러나 서구 문명을 뒤따라가는 비주체적인 길일 뿐이다. 자본주의의 한계를 새롭게 극복하기 위해서는 일신日新우일신又日新하는 정신을 고찰해야 한다. 과학 기술의 발달이 동양의 정신 문화에 녹아들 때 진정한 의미를 가진다고 생각한다.

민주주의라는 사상 속에는 자유롭고 평화로운 화해와 존중 정신이 녹아 있다. 그리고 과학 기술이 발전하여 얻은 혜택을 골고루 만인에게 전하려는 고민과 지혜가 있다. 인류가 도달한 보편적인 민주주의의 고귀함을 우리의 고유 정신세계와 함께 김치 버무리는 것처럼 섞는 게 최상이다. 그래서 더욱 가치 있고 찬란한 인류 문화로 진작시켜야 한다. 그러므로 서구 문명의 찬란한 성과를 함께하기 위한 성숙한 준비가 필요하다. 그러려면 우리 사회가 제대로 된 민주화를 이루고 균형잡힌 교육 콘텐츠를 확립하여야 한다. 동서양의 모든 사상을 우리의 관점으로 지키고 배워 나가야 실질적으로 건강한 피와

살이 된다.

　이런 과정 자체가 우리가 안고 있는 지역, 세대, 남북 갈등과 각 개인이 가지고 있는 혼란을 극복하고 성숙한 사회와 개인으로 발전하는 첩경이다. 따라서 우리의 전통 사상인 중도中道 없이는 합리적인 서구 사상도, 풍요를 가져다 주는 과학의 발전도 혼란과 불평등을 초래하는 그림의 떡일 뿐이다. 우리의 미래를 밝게 열기 위해서 중도 사상으로 매진해야 함이 절실한 때라고 생각한다.

4부

길의 아레테이아

중도中道를 고집하지 않는 중도中道

광활한 우주 속에 생명이 넘실대는 지구 그 자체는 희망이요 축복이다. 그래서 인류는 근본적으로 행복한 존재이며, 고귀한 가치를 선천적으로 부여받았다. 그러함에도 불구하고 우리는 많은 고통을 짊어지고 살아간다.

수많은 아픔과 슬픔의 원인에 대한 진단은 동서양이 다르다. 대체로 그 원인을 서양은 인간 외부에서 찾으며 동양은 인간 내재적 요인에서 찾고 있다. 가령 외부적 요인으로는 거친 환경, 먹을거리, 생존 경쟁의 치열함 등이 인간의 행복을 잠식한다고 한다. 동양은 단지 기품氣稟이 다르고 인욕에 가려서(『대학』) 탐진치에 빠져서(불교) 고통이 계속된다고 설명한다.

그런 이유 때문인지 서양은 유일신, 초인, 절대정신, 프롤레타리아 독재 등 무언가 상대적인 비교와 대립을 통하여 행복을 획득하려고 한다. 반면 동양은 본인 자신과의 와신상담, 수신, 극기, 수행과 참선을 통해 행복을 찾고자 하였다.

이러한 정신세계와 세계관의 근본적 차이는 인간이 추구하는 최고의 덕목을 설정하는 것에도 차이를 가져왔다. 이를테면 동양은 인 내천人乃天, 안빈낙도安貧樂道, 도리道理를 추구하는 정신세계이다. 민 주주의와 자유주의를 쟁취하는 서양의 정신세계와 다른 길을 걸어 왔다.

그러나 현대인들이 직면한 상황은 압도적인 서구 문명의 흐름 속 으로 파묻혔다. 특히 동양인들은 생활 방식과 신념의 서구화가 진 행되어 전통적 삶의 뿌리가 흔들렸다. 그래서 대한민국의 정치 사회 전반에서 일어나는 대립과 갈등은 서양 문명이 쟁취한 민주주의와 자유주의를 급속하게 도입하고 발전시키는 과정에서 대부분 발생 했다.

우리는 본래 동양의 전통 정신이 획득한 민본民本 사상의 실현 과 정에 익숙하다. 하지만 서구 방식대로 유입되어 진행되고 있는 서양 의 정신세계는 우리 동양의 정신세계와 불협화음을 초래하였다. 따 라서 동서양은 인간 고통의 극복과 행복 추구 방식에서 차이가 나 타난다. 그러므로 현재 직면하고 있는 동양인이 서구화되는 문제점 을 인식하고 해법을 찾는 것이 필요하다.

우리 동양 정신세계의 근간인 천명, 도리는 왕도 정치와 민본 사 상의 뿌리였다. 유불儒佛은 군자와 성인, 아라한과 각자覺者라는 덕 성을 갖춘 인간 최고의 모델을 설정하였다. 그래서 최고의 행복한 삶에 이르는 성취를 이룬 이상적인 인간상을 만들었다. 이를 위해 수신과 수행이라는 여러 방법론을 제시하면서 동양의 정신은 유지 되어 왔다. 우리가 익히 들어온 선현先賢들의 가르침 속에 누누이 강조되어 온 것들이다.

기본적으로 사서四書 속에서 교육이 이루어졌고 팔만대장경에서 생활 문화가 만들어져 왔다. 신기하게도 유불의 깨달음이 사서나 불교 경전에 유사하게 표현된 곳이 많다. 사서四書 중에 가장 먼저 읽어야 좋다는 『대학』의 격물치지格物致知를 설명하는 5장을 보면 주희朱熹가 해석하길 "이일단而日旦 활연관통언豁然貫通焉 칙중물지표리정조무불도則衆物之表裏精粗無不到 이오심지전체대용而吾心之全體大用 무불명의無不明矣"라고 설명한다. 하루아침에 활연히 관통함에 이르면 모든 사물의 겉과 속, 내용을 알게 되어 내 마음 전체가 분명하지 않음이 없다고 해석한다. 유儒에서도 어느 날 세상 이치에 활연히 관통한다고 표현하는 것은 불佛의 활연대오豁然大悟와 일치하는 생각이다. 즉 격물치지는 연기 사상과 뜻이 통하여 군자의 수신은 아라한의 수행과 같은 의미가 된다. 또 『대학』 7장에 "수신修身은 정심正心이니 유소분치有所忿懥면 부득기정不得基正 유소공구有所恐懼면 부득기정不得基正 유소호락有所好樂이면 부득기정不得基正 유소우환有所憂患이면 부득기정不得基正이라" 이는 성내거나 말초적 쾌락을 추구하거나 두려움과 괜한 걱정을 하면 바름을 얻지 못한다는 뜻인데, 이 또한 불에서 해탈에 이르지 못하는 원인인 탐진치와 너무도 닮아 있다. 이쯤 되면 유불의 깨달음이란 표현 방식과 사람들의 양태에 차이가 있을 뿐 핵심은 일맥상통하다고 생각된다.

또한 불佛의 중도 연기론에 의하면 불일불이不一不異하며, 이것이 있음으로 저것이 있는 상의성相依性으로 핵심 깨달음을 전하고 있다. 이는 유儒 『논어』의 핵심어 중 하나인 인仁을 설명할 때 "인자仁者 이천지만물以天地萬物 위일체爲一體 막비기야莫非己也"(『논어』「옹야편」) 인은 천지와 만물을 모두 일체화하는 것으로 자기 아닌 것이 없다는 뜻과 일치하고 있다.

『중용』에서 "오지심정吾之心正 즉천지지심역정의則天地之心亦正矣 오지순기吾之順氣 즉천지지기역순의則天地之其亦順矣" 나의 마음이 바르면 천지가 바르고 나의 기운이 순하면 천지가 순하다는 말도 마찬가지이다. 불佛에서 말하는 "연기를 보는 사람은 법을 보며 법을 보는 사람은 연기를 본다"(중아함경)와 같은 말이다.

이렇듯 말 자체는 다르며 쓰는 사람과 역사는 다르지만 그 핵심 내용은 유사한 것이 유불이다. 이러한 근본적 성찰이 동양 사상과 동양 정신의 근간을 이루고 있다. 그런 유불이 서로 닮은 쌍둥이임에도 서로 협력하기보다는 대립과 적대적 관계로 자리매김된 것은 매우 안타까운 일이다. 이 둘의 사상이 정작 추구하고자 하였던 중도를 제대로 발휘하였더라면 서구 사상에 자리를 내어주지는 않았을 것이다. 그만큼 우리 사회가 겪는 고통과 불행도 지금처럼 크진 않았을 터이다.

전통이 지켜지는 사회처럼 서로서로 도움되고 건강한 공동체를 이루는 사회를 찾기는 힘들다. 그러나 유교는 조선 시대와 봉건 제도를 지탱하는 고루한 사상으로 인식되었다. 동시에 불교도 현실적이지 못한 허례허식과 형이상학에 빠지는 문제점을 노출했다. 이제라도 공자의 말씀을 낡은 관습으로 치부하는 고정 관념에서 벗어나야 한다. 그리고 기복 신앙에 피폐해지는 불교의 정신을 바로 세울 필요가 있다. 나다 너다 가릴 것 없이 유불儒佛의 전통 사상을 부흥하고 알리기에 매진해야 한다. 그것은 올바른 중도 세계를 전하는 일이며 동양 사상의 우수성을 바로 아는 길이다.

동양 인문 정신의 르네상스를 열어 가야 하는 것이 우리가 고통 받는 심각한 대립과 갈등을 해소하는 근본적인 처방약이다. 흔히들 오해하고 있는 중간 길로서의 중도中途가 아니라 동양 정신과 만물의 근본 법칙을 이해하는 핵심 사상으로서의 중도中道를 배우고 지켜야 한다. 격물치지와 중도 연기의 세계관을 배우고 익혀야 한다. 그러면 서구 문명에 치우쳐 발생한 현대인의 고통과 불행이 완화되며 우리 사회의 강점인 훈훈하고 인간다운 복지 공동체는 강화된다.

서구 사상은 자연과의 경쟁과 대립적 관점이 우세하고 자연과의 조화로운 상생의 관점이 결여되어 있다. 그렇기 때문에 인간 중심적이며 자기 중심적인 결론에 도달해 있다. 서구 사상에서 기인한 자기 중심적 경쟁 논리와 적자생존의 비민주성이 해소되면 좋겠다. 그래야 다수의 사회적 약자들에게 희망이 생긴다.

반면 동양 정신은 모든 것들과의 유기적 관계를 중심으로 놓고 있다. "인자仁者 기욕입이입인己欲立而立人 기욕달이달인己欲達而達人"(『논어』「옹야편」) 인자는 자신을 세우면서 남도 세우며 자신을 통달함에 남도 통달하게 한다. 모든 것이 중도의 세계관으로 보면 연관되어 있어야 한다는 뜻이다. 그렇게 되어 천명, 도, 연기의 세계관이 구축된 것이다.

이러한 중도 세계관은 절대 인간 중심적이지 않기 때문에 오히려 중도를 고집하지 않는다. 허허실실虛虛實實이란 말이 있다. 『논어』「태백편」에 "능문어부능能問於不能 다문어과多問於寡 유약무有若無 실약허實若虛 범이불교犯而不校라" 능하면서 능하지 못한 이에게 물어보며, 학식이 많으면서 적은 이에게 물어보며, 있어도 없는 것처럼 여기고 가득해도 빈 것처럼 여겨서 자신에게 잘못해도 따지지 말라는 데서 유래하는 말이다. 금을 돌같이 여기란 금언도 여기에 해당된다. 우리 동양의 지혜가 묻어나며 생활 문화가 배어 있다. 이러한 중도 정신에 투철하기 위해서는 자기 중심성을 버리고 극단에 빠지지 않는 정신세계를 지녀야 한다.

진정한 중도는 중도를 고집하지 않는다. 그동안 유교는 유교대로 불교는 불교대로 상호 유사한 내용과 깨달음을 가지고 있음에도 서로를 부정하여 왔다. 핵심 사상으로서의 중도에 이르렀음에도 서로를 인정하거나 중도 자세를 견지하지 못하였다. 즉 알고도 행하지 못하였으니 진정한 깨달음에 이르렀다고 할 수 없다.

이러한 양상은 유구한 역사 속에서 반복적으로 나타났다는 공통점을 갖고 있다. 중국의 당나라와 송나라, 한반도의 고려와 조선 시대, 양 종교의 근간이 되는 사서四書나 불교 경전의 해설서에 보면 서로를 인정하지 않고 있다. 즉 중도는 자기를 고집하지 않기 때문에 위대한 사상이 된 것이지만 양측은 이를 어기고 있는 것이다. 『논어』「태백편」에 "순우지유천하야이불여언舜禹之有天下也而不與焉" 「술이편」에 "군자 단탕탕 소인 장척척君子 坦蕩蕩 小人 長戚戚"이라. 순

임금과 우임금은 동양에서 성인군자의 상징인데, 그 분들은 천하를 소유하고도 관여치 않았으니 늘 평탄하여 여유가 있었고, 소인은 늘 걱정이 많다는 말이다.

천하의 도를 달성한 성인은 천하 소유를 고집하지 않는 중도의 실현자이다. 반면 소인들은 늘 이런저런 일이 많아 불행하다. 이러한 사상사의 굴곡 속에서 성인의 도道인 중도는 잊히고 천하의 도가 사라지는 지경에 이르렀다. 이에 유학은 낡고 고루한 사상으로 치부되었고 불교는 기복 신앙에 물들게 된다.

빛나는 지혜에 도달한 동양 철학의 정수 중도 사상에는 우리 인류의 행복을 달성하는 원리가 녹아 있다. 서구 사상의 장점과 결합하여 우리 시대의 철학으로 다시 자리매김된다면 정말 살 만한 사회로 발전하는 기틀이 될 수 있다고 생각한다.

요즘에 보면 성탄절이나 석가탄신일에 양 종교가 서로 축하해 주는 모습을 자주 볼 수 있다. 유교에서도 나서서 석가탄신일을 축하해 주고 불교도 공자탄신일을 축하해 주는 모습을 보고 싶다. 그리하여 우리의 생활 양식과 문화를 이루고 있는 유불 사상의 가치를 다시 일으켜 세우면 좋겠다. 그리하여 진정한 인간상을 구현하고 만물이 살기 좋은 세상을 만들어 가는 정신세계를 진작시켜야 한다.

이를 위해서 정치권과 지도자들은 중도가 이룬 참진리의 정신세계를 가감없이 실천해 가야 한다. 협애한 자기중심적 사상을 가지고는 우리 사회와 인간이 가진 불행을 치유하고 해결해 갈 수 없다. 진정한 중도는 더 이상 중도이기를 고집하지 않기에 우리 모두의 고통을 근본적으로 이해하고 해소할 수가 있다. 나의 존재 근거가 타他에 있음을 깨달았다면 이 세상의 불평등과 불행은 지금처럼 자심하지 않을 것이다. 나를 고집하지 않는 중도의 세계는 얼마나 위대하고 평화로운가!

자연自然 = 중도中道

앞 장에서 중도는 자기중심성이 없다고 표명하였다. 이는 내가 중도요 하는 순간 자기중심적으로 변해버려 중도를 벗어나게 된다는 중도의 본질적 속성을 표현한다. 동시에 인간 중심주의의 속성을 가진 서구 사상의 한계를 극복하고 있다는 점을 보충하였다.

존재란 모든 것들과 유기적 관계 속에서만 탄생하고 연관 속에서 변화하다가 그 속에서 유, 무형으로 성性을 바꾼다. 이것은 자연 속에 존재하는 모든 것들의 이치이자 본질이다. 그래서 몸과 마음을 가진 존재로부터 몸은 있지만 마음이 없다든지, 마음만 있고 몸은 없다든지, 또는 몸도 마음도 없는 그 무엇이든지 간에 다 연관되어 서로 간에 영향을 주고 받으며 존재한다는 이야기이다. 이 모두를 자연이라고 보았을 때 어김없이 관통하는 진리는 자연은 유기적으로 연관된 존재들로 꽉 차 있다는 점이다.

이를 동양 정신에서는 '지성무식至誠無息 만물득소萬物得所'라고 정의한다. 이는 다름 아니라 천지의 도인 바, 일이관지一以貫之하는 성찰이자 깨달음이다. 즉 자연의 성性은 지극하여 쉼 없이 만물을 영속하게 한다는 자연 예찬론이 동양 정신에 배어 있다. 『논어』「자한편」에 "자재천상왈 서자여사부 불사주야子在川上曰 逝者如斯夫 不舍晝夜"라 "가는 것이 물과 같아 밤낮을 그치지 않는다"로 자연 예찬론을 추가할 수 있다. 곧 천지의 조화는 가는 것은 지나가고 오는 것이 이어져 한 순간도 그침이 없다는 표현이다. 바로 도道 본연의 모습을 알려주고 있다. 또한 자 왈 "세한연후 지송백지후조야子曰 歲寒然後 知松柏之後彫也"(『논어』「자한편」) "공자께서 날씨가 추워진 뒤에 소나무 잣나무가 뒤늦게 시듦을 알 수 있다"며 깨달음이란 자연적인 흐름에 속해 있음을 가르쳐주고 있다. 인간이 이러한 이치를 벗어난다면 얼마나 버티고 생존할 수 있을 것인가! 잠시 자연을 속일 순 있으나 '획죄어천獲罪於天 무소도야無所禱也' 라고 공자는 경고하고 있다.

이와 같이 자연을 통해 습득하는 깨달음을 불가佛家에서도 엿볼 수 있다. 〈권왕가〉에 보면 "첩첩 쌓인 푸른 산은 불佛의 도량이요, 맑은 하늘 흰 구름은 불佛의 발자취요, 뭇 생명의 노래는 불佛의 설법이며, 대자연의 고요함은 불佛의 마음이라. 불심佛心으로 바라보면 온 세상이 불국토요, 범부들의 마음에는 불국토가 사바娑婆이다"라고 노래한다. 자연에서 비롯한 불심은 불국토이자 진리이며 이러한 이치를 벗어난다면 모든 게 고통이요 불행하다는 노래이다.

유불儒佛이 공히 자연을 통해 배우고 깨달은 것은 자연 속에 진실이 있고 평안과 행복이 있다는 점이다. 자연은 어디에 편중하는 불평등이 없으며 편견도 없으며 치우침도 없기 때문이다. 이를 테제화하면 바로 중도中道가 된다.

그렇다면 우리 인간에게 주어진 과제는 자연을 닮으면 행복의 양과 질이 증가한다는 점이다. 자연처럼 그저 쉼 없이 성의를 내고 만물의 생육에 정성을 다하는 정도에 정비례하여 인간 존재의 가치를 높일 수가 있다. 자연은 인간들에게 나, 너, 우리와 같은 사회 속의 관계에서 어느 하나를 강조하는 것이 아니라 모두를 중요하게 강조한다. 나도 중요하고 너도 중요하고 우리 모두도 중요하다는 식이다. 그러나 실제로 이타성利他性을 가져야 하기 때문에 그 실현은 매우 어려운 것이 현실이다.

이럴 때 철학과 사상이 우리에게 도움이 되고 힘이 된다. 인간이 도달한 최고의 정신적 힘에 도움을 받고 용기를 내는 것이야 말로 인간의 또 다른 존재 이유이며 가치이다. 인간이 도달한 최고의 정신적 힘의 또 다른 면을 불佛에서도 찾을 수 있음은 자명하다.

유儒의 천지의 도道와 불佛의 연기緣起가 유사하다는 점은 누누이 설명하였다. 또 하나 덧붙인다면 세간에서 흔히 불교하면 떠올리게 되는 무無, 공空이란 개념에 대한 이해도 필요할 것 같다. 그리고 고苦를 극복하기 위해 욕慾을 버리고 고苦의 윤회를 끊는다는 깨달음을 알아둘 필요가 있다.

모든 존재는 서로서로 연관된 존재이기에 실제로 나[我]라는 고유한 것이 없이 끊임없이 변한다. 이를 자각하면 모든 것들과 공존하고 상응한 존재로서의 불성을 발휘하게 된다. 그리고 윤회가 반복되는 과정에서 나타나는 고苦의 굴레를 벗어난 해탈을 이룰 수가 있다.

인간이 추구하는 궁극의 목적인 행복한 상태를 달성하기 위한 불佛의 정신적 안내도는 참선과 수행 과정을 통해서 이루어진다. 결국은 무無, 공空이란 개념도 자연의 공존과 연관성, 상호 작용을 통해 존재의 구현 방식을 불교적으로 표현한 것일 뿐이다. 이는 욕심을 버려야 생명이 있고 행복이 있으니 그것을 달성하려면 무無, 공空이 되어 자연처럼 되어야 한다는 말이다.

자연 속에서는 모든 것들이 변화하고 순환된다는 대전제하에 생물군은 진화나 적자생존, 약육강식이 있게 된다. 먹이사슬의 하층부터 상층까지 각자 나름의 방식으로 생명을 이어간다. 그러한 생명 활동은 자연 속에 존재하는 모든 것들의 순환 과정에 해당된다. 생명체들이 이렇게 살도록 자연은 도리를 갖추었고 이에 어긋남이 없도록 자연은 지성무식至誠無息한 것이다.

이러한 자연을 서양의 관점에서는 유일신이 만든 피조물의 범주로 설정한 후 극복하려고 하였다. 자연을 개조해야 하는 대상으로 취급하고 인간 사회와 이분二分하였다. 그러다가 현대 사회로 들어서며 깊은 성찰을 통해 이분법적 사고를 지양하게 된다. 비로소 자연과 더불어 순응하고 조화를 이루어야 한다는 자각을 하게 되었다. 이것은 우리 동양이 가지고 있는 친자연적인 정신에 서양이 관심을 기울인 결과라고 보여진다.

동양 사상이 파악한 자연의 의미는 모든 것이 적재적소에 있는 완벽성이다. 그리고 모든 생명 활동의 순환에는 도리에 어긋남이 있을 수 없다는 진실성을 두루두루 갖추고 있다. 서양 철학의 창조와 피조물, 선과 악, 주체와 객체와 같은 이분법과는 너무나 다른 자연관을 가졌다. 이러한 관점에서 격물치지格物致知, 연기론緣起論과 같은 중도 사상이 성립되었다.

자연과 같이 중도 사상은 좌우 중간 어디에도 치우치지 않고 존재하는 모든 것들과 유기적으로 연관되어 어긋남이 없다. 실천적 측면에서 보면 인간 사회에 쉬지 않고 적용하려는 것이 도리와 자연이다.

특히 인간 사회에서는 강자와 약자로 대별되는 차이와 차별, 고통과 불행의 양이 다른 생명체와 비교해서 복잡하다고 할 수 있다. 때문에 중도를 실현하는 것도 복잡하고 세밀할 수밖에 없다.

예를 들면 부자와 빈자가 모두 인간답게 살 수 있는 해법을 찾으려면 지난하기 짝이 없다. 대기업과 중소기업 관계에서 무조건 다수의 중소기업에 방점을 찍을 순 없다. 대기업도 나름 영속해야 한다. 이렇듯 남녀노소, 강자와 약자, 대립과 갈등이 있는 모두를 행복하게 이루는 길을 찾는 것이 중도의 도리이다.

이와 같은 것들이 과연 가능할 것인지 의심하는 것은 그동안 서양 관점에 길들여져 온 폐해이다. 자연 친화적인 인식이 아니라 과거의 낡은 대립적 관점에 영향을 받고 있는 결과이다. 우리나라의 민주주의 도입 과정과 경제 발전이 압축적으로 성장하는 과정에서 대립과 갈등 역사관이 중심인 서양 사상이 도입되고 회자되었기 때문이다.

그러나 이제는 우리의 민주주의와 경제 발전도 어느 정도 궤도에 오른 만큼 조화와 상생하는 성찰이 강조되는 시대가 되었다. 이는 갈등과 분열의 시대를 종식하고 조화와 화합의 시대로 진입하는 패러다임의 전환기가 되었음을 뜻한다. 서양도 자연 친화적인 사회로 변화되고 있음을 보여주고 있다. 이러한 시대상의 변화를 받아들이고 발전시켜 가려면 이에 걸맞는 사상이 토대가 되어 이끌어 가야한다.

시대의 변화 상황을 빠르게 감지할 필요가 있다. 조화와 화합을 강조하고 융합과 혼융을 지향하는 자연 친화적인 서구 유럽의 변화를 보고 생각해야 한다. 그들은 자신들의 서양 사상을 혁신하고 있는 중이다. 어쩌면 동양 사상의 핵심인 중도 사상을 그들의 기존 사상과 융합시키고 있는 것일지도 모른다.

자연은 모든 것을 끌어안고 생육하여 왔다. 거꾸로 모든 존재의 의미와 가치가 분명히 있기 때문에 자연의 일부로 구성되었다. 그러므로 모든 것들은 서로서로가 자신의 존재 이유와 원인이 될 수 있다는 자각으로부터 진실의 실체에 접근할 수 있다. 이러한 성찰이 중도 사상으로 집약되는 결과를 도출 한다.

자연은 어디에도 치우치지 않는다. 한 부분이 다른 부분에 부담을 주면서 일정한 수위를 넘으면 바로 해결한다. 자연의 변화는 지각 활동, 기후, 생명체의 생멸 모두에 예외 없이 적용된다. 지구는 살아 있다는 가이아 이론도 이와 비슷하다. 인간 사회에서도 중도 실현은 이와 같다.

무엇인가 대립하고 있는 양변이 있을 때 서로가 절제하면서 욕심을 누르고 있다면 대립은 감소한다. 상대방을 억누르고 이기고자 하는 크기가 더 강하면 큰 쪽은 반드시 자연에 반反하고 도리에 어긋나기 마련이다. 인간 사회에서 권력을 가졌다고 돈이 많다고 국민 다수를 무시하고 억압한다면 도리가 아닌 것과 마찬가지다. 다수와 소수의 조화로움이 자연이며 정의가 실현되는 사회이다. 서구 사상처럼 다수결에 따른 민주주의는 소수의 희생을 초래하는 결함을 가지고 있다. 이것은 진정한 자연스러움이 아니다. 어떤 일방이 다른 쪽을 누르고 구속한다면 결국에는 화禍를 면치 못하게 된다. 이것이 자연의 세계이고 중도가 실현되는 과정이다.

　중도 사상이 실현되는 곳에서는 그것이 더욱 신속하고 정확하게 이루어지는 사회가 된다. 동양 정신의 정수인 중도中道가 실현되는 것은 지극히 자연적이며 자연스러운 일이다. 그리고 사람 안에 자리 잡고 있는 가장 큰 가치요 보물이다.

　이러한 중도를 누가, 어디에서 먼저 실현해 갈 것인가! 그것이 우리 인류의 최대 숙제이며 존재 이유 중에 가장 큰 테마이며 사상이다.

중도中道 = 행복

우리는 태어나서 성장하며 늙고 죽을 때까지 수많은 우여곡절로 살아간다. 생로병사의 스케줄에 따라 교육받고 취직하고 가정을 꾸리고 사회의 일원으로 역할을 하다 삶을 정리한다. 평범하기도 하고 비범하기도 한 인생, 찌질하기도 하고 화려하기도 한 모습들로 얽히고설켜서 지낸다.

나이가 중장년이 되어 어느 정도 원숙해지면 늙어가는 데 익숙해진다. 청년일 때 첨예하던 생각이 나이 들면 무뎌져 간다. 익숙해지고 무뎌져 가는 것이 나이 먹어 가는 사람에게 나타나는 고정된 특징인 것일까? 나이를 먹을수록 경험을 통해서 원숙해지고 성숙해지는 것일까?

맞는 말이기도 하고 틀린 말 같기도 하다. 사람은 나이 먹고 경험이 많을수록 자연스럽게 사회적 책임이 늘어난다. 한 가정의 부모가 되고 직장에서 상사가 되고 조직에서 책임자가 된다. 이 모두가 지극히 당연한 현상이고 일반적인 경향이다. 때문에 우리 사회는 시간의 흐름에 따라 점점 안정화되고 더욱 편안하게 되어야 한다. 그런데 현실은 딴판이다.

각종 사회 문제들, 가난의 대물림, 강자 독식과 다수 약자의 상존, 계층과 세대 간 갈등, 종교 갈등, 지구 범위의 남북 격차 등은 사회의 안녕에 위협 요인들로 작용하고 있다. 동시에 개인적인 문제들, 학업, 건강, 직업, 가정과 직장과 주변인과의 마찰 등이 상존한다.

이러한 복잡한 사회 속에서 우리 자신의 자존감을 확립하고 행복할 수 있는 방안은 무엇일까?

우리는 흔히 나이를 먹을수록 말은 적게 하고 지갑은 열어야 한다고 조언한다. 처세술의 일종이긴 하지만 많은 사람들의 고개를 끄덕이게 한다. 나이가 들수록 안정적이고 삶의 지혜도 많아져 행복해야 마땅하다고 생각된다. 그러나 세상은 그렇게 되질 않는다.

우리는 나이가 들수록 고정된 관념이 더욱 굳어 간다. 한마디로 꼰대가 되어 간다. 개혁성이 무뎌져 가고 변화를 회피하기 시작한다. 세월이 빚어 놓은 굳은살이 두터워지면서 구태의연하게 고착된다. 어쩔 수 없는 현상이며 자연스런 흐름이다. 우리의 행복은 바로 이 지점에서 어떤 생각과 자세를 취하는 가에 따라 차이가 발생한다.

여기에는 두 가지 양상이 나타날 것으로 본다.

첫째, 나이가 든 사람들이 변화보단 현실을 인정하게 된다는 점, 그리고 청년에게 자신의 굳어진 생각을 전하거나 작용을 하려는 마음을 포기하는 양상이다. 세월이 지난 만큼 고정된 생각이 많아지게 됨을 인정하고 덜 고정되어 있는 세대에게 무얼 가르치려 하지 않으면 무난한 삶이다. 이러한 지혜는 자연의 속성과 중도의 정신을 체득할 때 가능하다.

그런데 인간 사회는 경험과 지식의 전달이 필요하다. 공자가 평생 공부하고 배우는 노력이 필요하다고 강조한 이유에는 아이러니가 있다. 사람은 늙어 갈수록 고정된 관념 속에 머물 가능성과 이를 극복할 새로운 지식의 필요성이 증대한다. 전자가 크게 작용하면 고루하고 정체된 사고에 머무르며, 후자가 잘 되면 낡은 관념에서 벗어날 가능성이 크다. 말보다 지갑을 열어야 할 사람은 고정 관념이 큰 사람이 해야 할 지혜이며, 변화에 잘 적응하는 사람은 보다 젊은 세대에게 지식과 경험을 전수하는 것이 좋을 것이다.

둘째, 행복은 그 속에 행복한 요소로만 구성되어 있지 않은 걸 헤아리고 고찰할 때 단단하다. 예상치 못한 변화에 적응을 잘하며 안정적이며 자기 만족감이 높은 것은 실패와 불안정했던 경험을 통해 달성된다. 자신의 자부심이 갖추어지면 행복은 증가한다. 그러한 근거와 기초는 변화에 대한 부적응과 불행한 과거를 통할수록 굳건하다. 불행과 불안정을 겪어 본 경험을 통해서 행복과 안정된 평화가 성립된다. 그러한 과정이 내포되어 있는 것이 행복이며 즐거움이다.

중도적 관점으로 해석하면 행복은 슬픔에 의지하며 슬픔은 행복의 조건이 된다. 슬픔이 없다면 행복도 없고 행복 없는 슬픔은 없다는 상의성을 가지고 있는 것이 행복이다.

공자는 "칠십이종심소욕 불유거七十而從心所欲 不踰矩"(『논어』「위정편」)에 "일흔 살은 마음먹은 대로 하고자 해도 문제가 없는 경지에 이른다"고 인생의 원숙한 상태를 설명한다. 이는 인생의 궁극적인 완성 형태를 제시하고자 일상 생활에서 도리道理에 이르면 행복하고 편안하다는 점을 강조한 것이라 생각된다. 도리에 맞다는 것은 행복과 슬픔이란 양변을 다 통섭하는 상황이다.

『논어』 「팔일편」의 "낙이불음 애이불상樂而不淫 哀而不傷"은 또 하나의 중도적 생활상을 보여준다. 즐겁되 음란하지 말며 슬픔도 상할 정도가 아니어야 한다는 말이다. 행복도 지나치면 바르지 않고 슬픔도 과하면 화和를 해친다는 의미가 내포되어 있다. 사람들이 추구하는 행복이란 실체를 진정으로 만끽하고 구가하려면 이러한 본질을 명백하게 알아 둘 필요가 있다. 이 모두에는 중도가 실현되는 생활이라 하겠다.

사람에게는 두 가지 속성이 내포되어 있다. 변화와 혁신의 욕구와 안정과 평안을 추구하려는 생각이다. 이러한 양면을 잘 컨트롤하는 것이 개인에게 있어 올바른 정신 상태라 할 수 있다. 젊었을 때 우세했던 개혁성과 나이가 들면 우세해지는 안정성이란 양 측면을 융합하여 때에 맞게 사용한다면 거의 도에 가까워 졌다고 볼 수 있다.

이이李珥 선생이 지은 『격몽요결擊蒙要訣』 「입지立志장」에 보면 "개중인여성인蓋衆人與聖人 기본성측일야其本性則一也." "중인과 성인이 그 본성은 똑같다면서 "인성본선人性本善 무고금지우지수無古今智愚之殊 양유지불립良由志不立 지불명知不明 행부독이行不篤耳" 사람의 본성은 본래 선하여 옛날이나 지금이나 지혜로운 자나 어리석은 자나 차이가 없거늘 진실로 뜻을 세우지 못함은 아는 것이 밝지 못하고 행실이 독실하지 못함에 말미암은(연유한) 것일 뿐이다라고 한다.

이는 사람의 두 가지 속성인 젊음과 노쇠, 개혁성과 안정성이 근본적인 기준이 아니라 뜻을 세우고 지식을 분명히 하며 실천함에 따라 사람은 구분된다는 이치이다. 따라서 사람은 젊다고 마냥 개혁적인 것도 아니고 늙었다고 고정적인 것이 아니다. 그 뜻과 배움과 실천력에 따라 범인凡人과 성인聖人이 나눠진다는 말이라고 생각한다. 이러한 가르침은 복잡한 이 시대를 살아가는 지혜를 보여주며 행복이란 어떻게 이룰 수 있는지를 일러준다.

『격몽요결』의 서序에 보면 "불학지인不學之人 심지모색心地茅塞 식견망매識見茫昧 고故 필수독서궁리必須讀書窮理 이명당행지로연후以明當行之路然後 조예득정이천리득중의造詣得正而踐履得中矣" 배우지 않은 사람은 마음이 꽉 막히고 식견이 어둡다. 그러므로 반드시 책을 읽고 이치를 궁구하며 행해야 할 길을 밝힌 뒤에야 학문의 조예가 올바르고 실천함에 있어 중도를 얻게 된다고 한다.

이와 같이 우리의 생로병사 스케줄에는 평범함과 비범함이 녹아 있고 청춘과 노쇠함이 융합되어 있다. 따라서 어떤 한 측면만을 강조하면 인간의 행복을 총체적으로 설명할 수가 없다. 뜻과 앎과 실천이 어우러질 때 바르고 중도에 이르며 행복할 수가 있다.

유儒에서는 때때로 배우고 익히는 즐거움, 먼 데서 친구가 찾아와 준 기쁨, 남들이 알아주지 않아도 아무렇지 않은 도량 등을 제시하며 행복의 본모습을 정의한다. 군자의 덕목인 일상 생활에서 벗어나지 않는 도道를 실현하는 것에서 행복의 실체를 드러내고 있다.

『논어』「자로편」에 "군자 이사이난열야 열지불이도 부열야君子 易

事而難說也 說之不以道 不說也 소인 난사이이열야 열지수불이도 열야小
人 難事而易說也 說之雖不以道 說也"라. 군자는 섬기기는 쉬워도 기뻐하게
하기를 도道로써 하지 않으면 기뻐하지 않으며, 소인은 섬기기는 어
려워도 기뻐하게 하기를 도에 맞게 하지 않더라도 기뻐한다고 전한
다. 이는 『논어』 「안연편」의 극기복례克己復禮로 인仁을 실현하는 상
태에 들어가면 진정 행복하다는 경지를 보여주는 것이다.

  불佛에서는 행복이란 고苦를 여읜 상태라 정의한다. 탐진치를 벗
어나 해탈한 상태, 번뇌를 벗어나 무념에 이른 상태를 진정한 행복
이라 한다. 『금강경』 「장엄정토분」에 "불응주색생심 불응주성향미
촉법생심 응무소주 이생기심不應住色生心 不應住聲香味觸法生心 應無所住
而生基心"이라. 색의 세계에 머물러 마음을 내지 말며, 성향미촉법으
로 마음을 내지 말며, 어디에 머물러 마음을 내지 말라는 행복의 방
법론을 제시하고 있다. 동시에 무주상보시의 경지를 행복의 최고봉
으로 꼽았다. 그리고 앞에서 언급한 『금강경』의 "범소유상 개시허
망 약견제상 비상 즉견여래凡所有相 皆是虛妄 若見諸相 非相 卽見如來"라.
세상 모든 존재는 끊임없이 변화하기에 만약 모든 존재와 존재 아
님을 본다면 바로 해탈한다는, 행복이 다다를 수 있는 극한의 경지
를 담아내고 있다.

  이렇게 유불儒佛의 정신 속에서는 존재가 곧 행복이 되기 위해서
구비하고 있어야 할 덕목을 명확하게 제시한다. 진정한 행복이란 무
엇이며 어떻게 이루고 누릴 수 있는지 분명하게 알려주고 있다.

  따라서 행복한 상태는 그 속에 내포하는 기분 좋고 즐거운 것만

이 아니라 인간에 대한 깊은 고찰로 달성할 수가 있다. 이는 인간의 진정한 행복은 중도적 관계를 통해 형성된다는 관점이다. 인간에 대한 깊은 연민 같은 슬픔을 통해서 행복을 정의할 수 있다는 말이기도 하다. 여기에서 우리는 평소에 가진 생각들, 이를테면 '왜 이리 복이 없을까?', '돈이 많으면 행복해질까?, '행복은 무엇인가?'라는 의문들의 답이 무엇인지 알 수가 있다.

인간은 먹고 자고 번식하는 생물적 욕구의 충족을 넘어 천지만물의 화육과 합일이 실현된 존재이기 때문에 행복이란 고도의 총체적 관념이 형성된다. 일상의 소소한 행복이나 일생의 목표 달성으로 세상을 다 가진 것 같은 행복도 중도를 벗어나면 금세 김이 빠져나간다. 일희일비하지 않으며 영원한 행복은 없다는 정신을 유지할 때 행복을 지속할 가능성이 많다.

공자는 『논어』「술이편」에서 "반소식음수飯疏食飮水 곡굉이침지曲肱而枕之 락역재기중의樂亦在其中矣, 발분망식發憤忘食 락이망우樂而忘憂 부지노지장지운이不知老之將至云爾"라. 거친 밥과 물을 먹으며 팔 굽혀 눕더라도 그 안에 락이 있으며, 분발하면 먹는 것도 잊고 깨달아 즐거우면 근심도 잊고서 장차 늙는 것도 모를 따름이다라고 행복한 상태를 설명해 주고 있다.

여기서 보면 행복은 낙천적인 면, 천성을 담지하고 있다는 자신감, 진리에 대한 탐구와 열정적인 요소들이 어우러져 만들어진다. 이와 같은 행복의 요건들도 중도 속에 포함되어 있음을 알 수 있다. 중도를 실천하면 행복하다는 사실을 알게 된다.

인생은 오르막과 내리막이 반복되는 파동이다. 오르막과 내리막이 급할수록 힘이 들고 고단하다. 최고점과 최저점의 격차가 클수록 허망하고 슬프다. 그러므로 중도는 행복과 불행의 파동에서 최고점과 최저점의 격차를 현저히 줄일 수가 있다. 중도는 행복을 위한 큰 길[大路]이다.

행정도 行正道 = 중도 中道

맨 앞 장에서 정도 正道을 논할 때 필자는 불분명한 개념이라고 하였다. 정도 正道란 무엇인가에 대한 불명확성에 의문점을 던졌었다. 무엇이 바른 것인지 알 수 없기 때문이다. 바른 것이 되기 위해서는 그 안에 덕德과 의義가 존재해야 하고 과정은 신信과 성誠이 있어야 한다. 또한 수신과 극기를 실천해야 하고 수행하며 정견을 이루어야 된다고 피력하였다. 이러한 요소 없이 정도를 걷겠다고 하는 것은 모두 거짓말이며 허상이다.

세상은 온통 허위와 기만이 가득하다. 그만큼 갈등과 경쟁이 심각하다. 그 속에서 살아남고자 인간들은 혈연, 지연, 학연, 실력을 강화하고자 한다. 이러한 사회는 사회적 강자한테는 유리하지만 약자들한테는 희망이 없어 보인다. 그러나 사회가 이토록 절대적으로 기울어진 저울이며 운동장인가? 과연 절망적인가? 비관적인가?

근본적으로 자연물이나 사회, 경제의 기회와 총재화를 공유하고 공평 분배한다면 사람 사이의 상대적 차별은 줄어든다. 그러면 다수 서민이 가진 고통의 총량이 현저히 감소할 것이다. 그러나 역사 속에서 사회는 불평등이 심각하고 배타적 기득권을 지키려고 폭력이 만연해 왔다. 다만 시민 혁명과 민주 혁명이란 투쟁을 통해 불평등과 배타적 폭력을 극복해 오고 있는 중이다.

이어서 우리의 문명인 사상과 문화와 과학은 민주주의와 평등한 가치를 확산하고 발전시켰다. 사람의 가치와 공동체 정신이 함양되고 삶의 질이 현저히 개선되어 가고 있다. 동시에 개개인의 권리와 주권 의식이 확연히 신장되었다. 이러한 현상은 2017~2018년 촛불 광장에서도 발현되고 경험한 바 있다.

한편 과학 기술의 발전과 복잡한 사회를 유지하기 위한 제도와 장치들은 다양하고 다변화하고 있다. 매우 중층적인 구조로 사회가 변화 발전하고 있는 중이다. 이러한 상황하에서 사람이 본래 소유한 품성과 욕망을 충족하기 위한 사람들의 자아실현 형태는 매우 다양해 진다.

이러한 다양하고 다변화된 사회에서 진보와 보수의 편가름이나 좌우 편향의 고정된 이념은 획일화된 낡은 가치일 뿐이다. 인간의 다양성과 가치를 계발하고 함양하려는 본성과 능력을 제한하기 때문이다. 인간 가치 실현을 위한 다양성 사회는 기회가 공평하고 과정도 공정하고 결과는 노력한 만큼 결실을 취득하는 사회일 것이다.

사람의 본성에는 지고지순한 덕성을 발현하고 싶은 정신과 의식주를 안정적으로 해결하고자 하는 욕구와 남보다 잘하거나 잘살고자 하는 욕망이 혼합되어 있다. 이러한 정신세계는 자연적인 것이며 우주적인 가치를 지닌 인간의 공통된 특징임을 앞에서 설명했다. 이러한 속성을 올바르게 관리하고 실천하는 것이 다름 아닌 정도正道라고 피력하였다. 더 나아가 어떻게 올바르게 관리하며 어떻게 올바르게 실천해야 하는지를 알아가는 것이 중도中道라고 강조하였다.

이런 의미에서 우리 사회의 기울어진 저울과 운동장을 평평하게 만들어야 바람직하다는 방향성이 나온다. 예를 든다면 최근의 촛불 혁명은 우리 사회의 비관적인 요소를 개선하고 혁신하는 실천이었다. 박근혜 정부를 퇴진시킨 국민의 촛불은 구시대 불통 정권을 몰아내고 정의를 실현하는 정도正道였다.

광화문 광장에 촛불을 들고 모인 시민들.

친일 세력을 비롯해 독재와 비민주적 적폐와 폐단을 청산하려는 정신도 정도正道를 실현하는 과정이라 하겠다.

우리 대한민국 사회는 여전히 일제 잔재와 독재의 그늘과 그에 기생하는 강고한 기득권이 있다. 그러면서도 반봉건적인 폭압이나 식민지적 억압은 일찍이 벗어났다. 이러한 한국 사회의 급격한 민주주의 도입과 압축 성장은 한민족의 우수성을 여실히 증명하는 지표이다.

역사적으로 민주화의 열망이 면면히 흘러오다 결실을 맺은 가장 빛나는 총화는 촛불혁명일 것이다. 수구 냉전 불통 정권인 박근혜를 몰아내고 불평등과 부조리를 시정하여 사람 중심 사회를 만들고자 촛불이 켜졌다. 민심이 천심이 되고 진실과 진리가 발현되는 순간들이었다. 이를 동양 정신으로 성격 규정을 한다면 비도非道에서 정도正道가 이루어진 과정이라고 생각한다.

그러므로 다음 단계의 대한민국 역사 과제는 정도를 중도화하는 것이다. 촛불 정신을 정립하고 어떻게 완성해갈 것인지를 실천해야 한다. 이런 과제를 소위 변증법적 고찰을 통해 풀어보면 어떨까 싶다. 서양적 변증법 논리학을 넘어 동양적 변증법인 중도를 실현하는 것에서 해답이 나올 것으로 기대한다. 이러한 이유 때문에 프랑스 혁명 이후 근대 국가와 정치 철학을 발전시킨 헤겔이나 마르크스 같은 철학자의 변증법이 동양의 사고방식과 전통에 부합하는지를 살펴보고자 한다.

서양의 변증법은 대립물 통일의 법칙, 양질 전화의 법칙, 부정의 부정의 법칙이 골간이다. 서양의 관념적, 유물적 철학으로 세상을 보는 눈인 역사 발전의 원리는 3대 법칙을 통해 실현된다는 철학이다. 관념적 변증법과 유물적 변증법은 동일하게 세상을 관통하는 법칙과 명제를 정반합正反合 또는 대립과 투쟁으로 설명한다. 즉 사물의 존재 법칙과 변화 발전의 원리인 보편적 진리를 모든 사물 속에 있는 모순된 측면의 긴장과 갈등이 핵심 동력이란 관점에서 출발을 한다. 이는 자연과 인간, 나와 너란 상대성을 모토로 그에 입각해서 세상의 근본 이치를 해석하는 사상이다. 자연과 인간은 끊임없이 생성, 소멸, 상호 작용하며 사회의 구성원들도 상호 교류를 통하여 역사도 만들고 발전한다는 철학이다.

이러한 변증법은 시대별 역사 각각의 상황에 대한 원인과 배경 등을 적절히 설명한다. 원시 공산 사회부터 고대, 중세, 근현대에 이르는 발전이 어떻게 이루어졌는지 완성도 높은 해답을 주고 있다. 그리고 사물의 어떤 것도 영원하지 않으며 모두 변한다는 변화 지향의 사상을 담고 있다. 그런 점에서 관념적이든 유물적이든 변증법은 시대를 관통하는 철학의 금자탑을 이룩하였다. 이에 반해 동양의 중도 사상은 변증법적 논리를 담지하고 있는데도 역사 발전과 역사 철학의 반열에 들어 있지 못하다.

이에 동양 사상이 어떤 모습으로 변증법을 실현하고 있는지 살펴보고자 한다. 필자가 누누이 강조한 것은 유학의 핵심도 불교의 핵심도 공히 사람의 근본 성품엔 성인과 군자와 부처와 아라한이 있다는 점이다. 그런데 유儒는 저마다 기질의 차이가 있어 군자와 성인이 되지 못하며, 불佛은 탐진치에 가려서 부처와 아라한이 되지 못함을 설명하였다. 그래서 수신과 극기, 수행과 무주상보시(자비)를 통해 본래 사람의 성품에 이를 수 있음을 고전과 경전을 통해 설명한 바 있다. 이러한 동양의 정신세계의 논리는 정반합正反合과 매우 유사하다고 생각한다. 어쩌면 같은 것인지도 모른다.

대립물 충돌과 통일이란 내용은 유불이 제시한 인간의 기본 성품과 사욕의 세계가 대립하고 통합하는 과정과 같은 내용이다. 수신과 극기와 수행을 통해 군자와 불성이란 본성을 회복하는 통합을 제시하기 때문이다. 양질 전화 측면에서 보더라도 유교의 8조목과 불교의 3법인 등의 핵심 사상을 달성하기 위한 과정 자체가 그대로 적용된다.

부정의 부정 법칙을 사람이 가진 기품과 기질, 탐진치 등 때가 묻은 성품을 닦고 수신 극기하는 과정으로 설명할 수 있다. 이처럼 관념적, 유물적 변증법의 기본 관점과 유불의 핵심 사상의 전개 과정은 매우 유사함을 알 수 있다. 그래서 세상을 움직이고 모든 사물의 존재 법칙에 관통하는 것이 변증법적 논리라는 근거를 더욱 공고하게 할 수 있다고 본다.

동시에 동양의 중도론은 고정된 실체, 변하지 않는 그 무엇은 어디에도 없다는 변화 중심의 사상이다. 너무 유명한 『논어』의 온고이지신溫故而知新, 충서忠恕, 『맹자』의 역성혁명이나 『중용』의 지성무식至誠無息, 『대학』의 신민新民의 세계에 잘 나타나 있다. 불佛은 제법무아諸法無我, 제행무상諸行無常 등 아我란 실체는 늘 변화하기 때문에 고유한 것이 없다는 깨달음으로 범소유상 개시허망凡所有相 皆是虛妄함을 설파한다. 이 모두가 모든 것은 끊임없는 조건에 의해 상변常變한다는 연기론으로 집대성되었다.

이렇듯 동양 사상의 중심은 변증법을 오래전부터 담지하며 동양인의 삶 속에 면면한 흐름을 형성하고 있다. 그래서 서양의 변증법이 사물의 운동성과 변화를 치밀하게 설명하고 있지만 동시에 동양의 역사나 정서에 부합하느냐는 문제의식을 제기할 필요성이 있다 하겠다. 또한 역사적으로 유래가 깊은 동양의 중도 정신이 변증법 논리도 가진 것이라면 더욱 배우고 발전시켜야 된다는 주장을 할 수 있다. 우리의 정신세계와 문화를 고려할 때 서양의 변증법이 진리에 가깝고 우수하다손 치더라도 무언가 생경함이 있다. 우리 동양 정신에 못 미치는 부족함이 있다. 이 점을 들춰 보고자 한다.

첫째, 서양의 변증법은 변화의 철학이긴 하지만 그 원인을 사물의 모순에서 찾고 있는 점 때문에 동양 정서와 괴리가 있다. 동양은 예를 들어 천지인, 음양, 낮밤, 남녀 등을 서로 보완재, 상의하는 존재로 인식하여 융합적인 것으로 생각한다. 이에 반해 서양은 이런 조건을 서로 대립하는 것이며 모순하는 것으로 설정을 한다. 때문에 서양 변증법은, 변화는 대립하고 갈등하는 곳에서 발생한다는 주장이 중심을 차지한다. 반면 동양은 모든 존재는 서로를 전제 조건으로 보고 있기 때문에 혼용 융합적 사고를 먼저한다는 점이 핵심이다.

이러한 차이점은 삶의 방식과 문화에 있어 매우 큰 차이점을 보이기 마련이다. 서양은 상대방을 부정하는 강도가 상대적으로 심하다. 자연 파괴나 대립과 계급 투쟁의 역사관을 보다 더 용인하게 한다. 수렵 문화를 통해서 육식을 위주로 한다. 동시에 과학 기술 발전에 더 많은 소질을 발휘하게 한다. 이를 비교해 보면 동양은 무위자연 사상을 보더라도 서양보단 자연 친화적인 삶이 앞선다. 농경 사회를 기반으로 채집과 수확을 통해 곡류와 채소 위주의 식단이 발달했다. 반면 과학 기술 분야는 발전이 더딘 것으로 볼 수 있다. 자연 친화적인 것이 과학 기술 문명의 발달보다 근본적으로 사람의 삶에 유익한지 논란의 여지가 있겠지만, 동양 정신은 물질 문명보단 정신세계를 중요시하는 문화로 자리매김된 역사를 가진다.

때문에 서양 변증법은 사회와 역사의 변화 동인을 대립하고 갈등하는 과정으로 파악한다는 점에서 자연의 한쪽 측면만을 강조한 것이라 하겠다. 자연은 생성 소멸하는 과정에 대립과 갈등이 있는 반면 모든 조건을 보완하고 포용하며 융합한다. 이러한 속성을 동양은 잘 파악하였고 자연에 거스르지 않는 조화로운 생활 양식을 채택하였다고 생각한다. 건물을 지을 때도 주변 환경과 어우러져야 품격을 갖춘 것으로 평가한다. 서양은 하늘을 찌르는 고딕, 바로크 양식인 반면 동양 건물은 둥글둥글하고 원만한 선을 강조한다. 사람 간에도 측은지심惻隱之心, 장유유서長幼有序 등 자연적인 흐름을 중시한다.

이러한 정신과 성품은 동양의 중도 정신에서 기인한 바 크다. 하늘이 부여한 성인과 부처라는 속성이 사람마다의 기품과 욕망이란 먼지에 덮혀 있다면 닦아내고자 하였다. 이렇게 본래의 성품을 되찾으라는 명언들이 유불에 녹아 있다. 일신우일신一新又一新하라는 변화의 변증법이 역사와 철학과 생활상에 줄곧 유지되어 왔다. 대립과 갈등으로 빚어지는 변화라는 측면과 융합과 혼용으로 발전하는 양면을 다 포괄하는 것이 동양의 변증법 중도 사상이다.

둘째, 정반합正反合이란 서양의 변증법이 부정의 부정 법칙을 기반으로 과거와 현재, 미래의 연속적 흐름을 단절과 극복의 역사로만 강조한다는 편향된 측면이 있다. 역사에서 쇄신과 혁신을 지향한다고 했을 때 과거를 모두 없애거나 지울 순 없다. 과거 속에서 교훈을 배우고 계승할 것은 이어서 발전시켜야 하기 때문이다. 물론 현재의 발전을 위해 과거에서 잘된 점을 이어받는 것은 늘 염두에 두는 것이고 그렇게 되어 왔다. 문제는 혁신과 개혁에 방점을 찍고 강조하면서 과거를 부정하는 경향이 강하게 나타난다는 점이다.

특히 민주화 개혁 과제를 실천하다 보면 모 아니면 도식의 역사적 단죄를 강조하는 경우가 다반사이다. 요즘 적폐 청산을 진행하면서 이런 경향이 드러나고 있다. 예를 들어 새마을 운동은 근면 협동을 강조하는 등 좋은 면이 많다. 박정희 정권이 했기 때문에 다 잘못된 것은 아니다. 보수 정권이 다 문제가 있는 것이 아니다. 보수 세력의 정책도 국민의 복리를 위한 것이 많을 것이다. 재벌 또한 마찬가지이다. 그들이 경제에 기여한 바도 적지 않을 것이다.

문제는 서양 변증법과 거기에 영향을 받았다고 보이는 부정의 부정을 통해 발전하려는 경향이 강하다는 점이다. 이는 변증법의 한 측면만을 사용하는 것임과 동시에 편협한 관점이 작동하는 현상이다. 완전하지 못한 서양 사상의 영향력이 작용하고 있는 상태의 반증이다.

동양의 변증법은 『논어』 「위정편」의 온고이지신溫故而知新, 『순자』 「권학편」에 청출어람청어람靑出於藍靑於藍을 지켜 오고 있다. 과거를 딛고 발전해 가되 과거의 가르침을 잘 배우고 새겨야 한다는 말이다. 그래서 후세의 도리를 다해야 한다는 계승 정신을 새기는 말이다. 서양 변증법처럼 과거를 부정하는 적대적 사고의 여지를 감퇴시키고 있다. 동시에 미래에도 현재를 참고하기 때문에 현재 최선을 다해야 한다는 희망을 담고 있다. 이렇듯이 동양의 변증법은 부정과 긍정을 다 함유하며 어느 한쪽에 치우쳐 발전을 꾀하는 불완전한 사상이 아님을 알 수 있다.

셋째, 서양 변증법은 역사에 대한 판단이 매우 뻔한 기계적인 결론을 만들고 있다. 양질 전화나 부정의 부정을 통해 역사가 발전한다는 논리는 단선적인 결론이다. 과거를 딛고 만들어진 현재가 무조건 과거보다 더 우수하고 합리적이라고 할 수는 없다. 또한 미래가 현재보다 더 희망적이고 발전한 사회라고 단정할 수 없기 때문이다.

어떤 시간적인 순서를 나열하면서 미래에 해당할수록 역사나 사회가 발전한다는 것은 어불성설이다. 동양 사상은 역사는 순환하며 그 속에서 발전한다고 생각한다. 역사는 필연과 우연이 혼합되어 이루어졌다고 생각한다. 우연적인 요소마저도 자연의 어떤 조건이 맞아 떨어져 생긴다고 한다. 나비 효과도 있으며 돌연변이도 있다. 지성무식至誠無息한 자연 속에서 인간의 역사 발전은 돌고 도는 순환일 뿐이다. 끊임없이 과학이 발전하지만 발전만 있는 것도 아니다. 퇴보도 있다. 파괴도 있다. 단적인 예를 들면 과학 발전이 태평양에 한반도 크기 8배의 쓰레기 섬을 만들었다. 태양에 녹은 플라스틱이 바다에서 프랑크톤의 먹이가 되어 바다 생물이 죽어 가고 있다. 그리고 사람들이 그 고기를 먹고 있다. 즉 발전도 있으면 퇴보도 있고 개발이 있으면 파괴도 있다.

서양 변증법이 역사 발전의 동인을 대립과 모순과 부정에 의한 경쟁으로 파악하는 것은 그들의 전통 사상이다. 우리 동양은 그들과 다른 전통을 가지고 있다. 대립을 융합으로, 갈등을 조화로 보는 자연관과 철학을 가지고 있다. 이 점에서 어떤 변화와 발전을 바라보는 시각은 부정보다 긍정적이며, 과거와 현재와 미래를 통합적으로 생각하는 데 익숙하다. 그래서 동양이 옛날에 천문학과 점성술이 발전한 것이기도 하다. 과거와 미래를 같이 점쳐야 했기 때문이다.

이러한 전통을 가진 동양 사상으로 보면 단지 과거를 부정하고 도태시켜야 할 대상으로 보는 서양 변증법은 부실한 것이다.

결국 동양의 변증법적인 중도 사상은 대립과 융합, 부정과 긍정의 철학이다. 역사가 발전할수록 시대의 변천 속도가 빠를수록 우리 문화와 정신세계에 적합한 동양 사상을 굳건히 정립하여야 한다. 아니면 시대 혼란과 불평등은 완화되기 어렵다. 오히려 더 심화되어 갈지 모른다.

적폐 청산과 수구 냉전 세력의 단죄는 미래를 새롭게 열기 위한 필수 불가결한 과정이다. 이러한 과정을 불완전하게 부정에 의한 처벌만으로 끝내선 안 된다. 그러면 서양 변증법이 역사 발전에 대해 한쪽 면만 강조한 것을 답습하는 일이다. 청산되어야 할 세력이 완전히 없어진다는 것은 불가능이며 자연스럽지도 않다. 그들을 변화시켜야 역사도 변화 발전한다는 측면을 살려야 한다. 과거 역사에서 잘된 점을 찾아 공유해야 한다. 잘된 것은 계승해야 한다. 그들을 부정으로만 보고 청산 대상으로만 생각하면 곤란하다. 만약 그렇게 생각한다면 역사 발전도 더딜 뿐이다.

역사는 상생과 화합의 역사이다. 부정과 대립의 역사가 아니다. 격돌 시기의 대립과 갈등은 순간이며 화합과 융합의 시대는 길게 지속된다. 예를 들어 조선 시대의 태평성대인 세종 시대와 영정조 시대는 태종의 폭력적 왕권 강화와 사색당파의 폐해가 심화된 이후 맞이하게 된 것이다. 요즘 촛불 정권도 이박 정권의 폐해가 극에 달한 후에 비로소 열린 정권이다.

현재 대한민국 역사는 국민이 만들어 가는 만큼 촛불이란 정도正道를 매개로 잘못된 점을 고쳐 가고 있다. 국민이 만들어 가는 역사 발전이기 때문에 완성도 있는 사상으로 국민이 어떻게 실천할 것인지를 정해야 한다. 그런 과제가 국민에게 있다면 그 실천 사상은 우리의 정신과 문화에 부합하는 것이어야 한다고 생각한다.

그런 역사적 책임이 우리 국민 앞에 놓여 있다. 서양의 변증법이나 한쪽에 경사된 불완전한 사상으로는 책임을 질 수 없다. 완전하고 무결한 중도 사상으로 우리 앞에 놓인 역사의 발전, 평등하고 평화로운 나라, 번영과 복지를 이룩한 자랑스런 조국을 만들어야 한다.

천명과 부처라는 성품을 내포하고 있는 인간관을 가진 동양 정신이 그것을 가능케 할 것이라고 본다. 정도를 실천하는 중도는 어디에도 치우침이 없는 위 없는 사상이다. 그리고 동서양을 포괄하고 이끌어 가는 지구상에 유래 없는 우리의 자랑스런 가치이며 보배이다. 우리 동양인의 전통과 혈통에 녹아 있는 중도 정신을 회복하고 지켜 가야 한다. 그리고 인류의 평화와 번영에 다시금 기여하도록 발전시켜야 한다고 간절히 염원한다. 그래서 우리 인간이 행복하고 생명이 넘치는 지구가 평안하기를 절절히 소망하며 속히 실현되는 꿈을 꾸고 싶다.

중도 정신의 회복으로 생명이 넘치는 평안한 지구를 꿈꾼다.

전성호 교수 (한국학 중앙연구원)

2020년 코로나19가 기승을 부리던 어느 날 경기도 안산에서 30
여 년의 세월을 노동 운동과 시민 운동을 해 온 오랜 친구에게서 연
락을 받았다. 책을 하나 집필하였는데 미리 읽고 발문을 부탁한다는
것이다.

안산安山하면 15세기 세종대왕과 함께 조선 왕조의 기틀을 세운
강희맹, 강희안 등 진산 강씨들과 그 후손 표암 강세황 그리고 18세
기 정조대왕이 가장 친하게 지낸 단원 김홍도가 떠오르는 지역이
다. 역사적으로 안산은 단원 김홍도와 표암 강세황의 화풍에서 알
수 있듯이 동북아 문명의 유불선儒佛仙 사상이 융합된 독특한 '조선
적 미학(Aesthetics)'이 탄생한 곳이다. 그러나 현대 한국 사회에서
안산은 이러한 전통을 계승하지 못하고 잊어버리고 싶은 이미지를
적지 않게 남기고 있다. 나는 이 책의 저자를 통해서 안산에 단원고
등학교가 있다는 것을 알게 되었고 망각하고 싶은 다시는 떠올리기
싫은 세월호 사건을 알게 되었다.

이 책은 그리스어로 벗어나고 싶은 탈(a)과 저승의 강이며 망각의

물인 'lethe' 강을 연결하여 순수한 진실 세계에 들어가고자 하는 강한 실천 의지를 유불선 세 사상에서 모색한 글이다. 그리스어 아레테이아(aletheia)는 '진실성', '약속을 잊어서는 안 되는', '약속은 반드시 지켜야 한다'는 뜻이지만 저자는 세월호를 인식하였는지 지옥과 극락의 경계로 아레테이아(Aletheia)를 해석한 듯하다. 이 책은 처음 도입 단계는 유불선을 넘나들면서 아리송한 글들로 이루어져 있지만, 계속 읽다보면 현장의 실천가로서 지난 세월을 삶과 죽음의 문턱을 넘나들며 너무나 힘들게 살아온 사람들에게 진실의 세계는 반드시 곧 다가온다는 매우 희망찬 실천 의지를 제시하고 있다.

이 발문을 쓰는 나는 이 책의 저자와 30여 년 전 안양 박달동에서 함께 자취하면서 미래 한국 사회의 이상향을 논한 적이 있다. 그 후 나는 노동 현장을 떠나 학문의 세계로 들어와 15세기 세종 시대와 18세기 정조 시대를 중심으로 미래 한국 사회의 이상향 모델을 과거 우리의 전통 속에서 모색해 왔다. 이 발문에서는 조선 시대 안양에서 안산 일대를 중심으로 동북아 문명의 유불선儒佛仙 세 사상이 어떠한 조화를 이루며 후대 세대에게 이상향을 제시하였는지를 소개하려고 한다.

먼저 안양에서 안산에 이르는 이 일대는 'lethe' 강물을 생각하지 않을 수 없을 정도로 구로공단에서 시화 안산공단까지 산업화의 어두움에서 오늘날 다문화 사회의 묘한 문화 갈등과 함께 인간 사회의 모든 명암이 공존하는 곳이면서 동시에 양천과 금천이 모여 한강으로 흐르는 강변 너머로 석양의 붉은 해가 어울어울 넘어 지는 장관이 매일매일 펼쳐지는 곳이다. 20세기 철도와 기계 마찰음과 공장 굴뚝에서 시커먼 연기가 뿜어 내기 이전에 이곳에서는 현대 산업화 사회와 전혀 다른 동북아의 이상향이 펼쳐지고 있었다. 대표적으로 만송강萬松岡이라는 소나무 숲을 배경으로 조선 미학을 집대성한 진산 강씨들과 이들로부터 유불선 세 사상을 융합하여 조선적 화풍을 계승한 단원 김홍도가 대대로 살았던 곳이다.

16~17세기에 활동한 권별權鼈 : 1589~1671은 『해동잡록海東雜錄』에서 오늘날 인명사전과 같이 역대 역사에서 주요한 인물들을 소개하고 있는데 신라인 62명, 고구려인 23명, 백제인 8명, 고려인 526명, 조선 전기임진왜란 이전인 455명으로 모두 1,074명의 동북아 지역의 걸출 인물들을 오늘날 우리 후손들에게 전달하고 있다. 그중 진산 강씨 강희맹이 455명 중 한 사람이다. 그가 1483년에 병으로 사망하자 성종은 그에게 '문량文良'의 시호를 내리고 왕명을 내려 문집을 간행하도록 하였다. 이에 그의 아들 강귀손姜龜孫 : 1451~1506이 주도하여 『사숙재집私淑齋集』을 간행하였다. 이 책은 어숙권의 『패관잡기稗官雜記』에 의하면 이인로李仁老『파한집破閑集』, 이제현『력옹패설櫟翁稗說』, 강희안『양화소록養花小錄』 김시습『금오신화金鰲新話』 성현『용재총화慵齋叢話』 남효온『육신전六臣傳』 등과 함께 우리나라를 대표하고 후대의 학자들이 가장 많이 애독한 글 중 하나이다.

이 진산 강씨들이 오늘날 양천구, 금천구, 시흥, 안산 일대 노농들과 만나서 국가 일과 농사에 관한 여러 이야기들이 『사숙재집私淑齋集』에 하나하나 옥고로 남아 있는 것이다. 이 책에 가장 많이 등장하는 지역은 금천衿川, 안산安山, 양천陽川이며 15세기 곡식 종자학을 집대성한 『금양잡록衿陽雜錄 : 이하雜錄』의 제목에 반영된 금양衿陽이란 현재 관악산 서쪽에서 안양을 거쳐 시흥과 안산으로 이어지는 곳을 말한다. 태종 재위 14년인 1414년에 태종은 두 번이나 행정 구역을 개편하는데 이때 용구龍駒와 처인處仁을 병합하여 용인龍仁으로 개편하였고 금천衿川과 과천果川을 병합하여 금과衿果로 하고, 김포金浦와 양천陽川을 병합하여 김양金陽으로 하였다. 그러나 같은 해 과천을 독립 현으로 승격시켰다. 그 이유는 한양과 수원 사이에 오고 가는 행사가 많아져서 다시 과천을 독립하여 과천 현감을 설치한 것이다. 이때 금천衿川을 양천陽川에 합하여 금양衿陽현으로 하였고 김포는 부평으로 붙임으로서 금양衿陽이란 행정 구역 명이 생겨나게 된다.

『신증동국여지승람』에 소개된 금천현衿川縣은 동쪽으로 과천현 경계까지 11리(약 4.4 km)이고, 남쪽으로 안산군 경계까지 16리(약 6.4 km)이며, 서쪽으로 부평부 경계까지 17리(약 6.8km)이고, 북쪽으로 양천현 경계까지는 27리이며, 노량까지는 23리인데, 서울과의 거리는 31리로 되어 있다. 금천은 고구려 때에 잉벌노현仍伐奴縣인데, 신라 경덕왕(재위 742~765) 때 곡양穀壤으로 바꾸었다. 고려 초에 금주衿州로 바꾸었는데 금衿을 금黔이라 표기하기도 하였다. 『대동지지大東地志』에 보면 세조 조에 과천果川에 합쳤다가 정조正祖 때에 시흥始興이라 고친 것으로 나타난다.

주지하듯이 강희맹은 조선에서 화훼에 관한 지식을 처음으로 집대성한 그의 형 강희안姜希顏의 『양화소록養花小錄』의 서문을 지었는데 이 서문은『잡록雜錄』과 깊은 연관이 있다. 강희맹은 꽃을 기르는 화훼의 일이나 곡식을 기르는 농사 그리고 자식을 가르치는 일은 모두 같은 원리라고 인식하고『양화소록養花小錄』의 서문을 쓴다. 그는 천지의 조화로 만물이 만들어지며 꽃과 곡식과 인간은 모두 같은 원리로 길러진다고 인식한다.『잡록雜錄』의 서문을 쓴 조위는 강희맹이『잡록雜錄』을 집필한 이유가 농사의 때에 맞게 곡식 종자를 잘 선택하여 심으면 어떠한 바람이나 가뭄의 피해도 극복할 수 있다는 지식으로 많은 백성들을 교화시키는 데 있다는 점을 강조한 바 있다.

이 책에서 필자가 모색한 저승의 강이며 망각의 물 'lethe' 강을 건너기 위한 사상적 실천적 방안은 강희맹이 그의 형 강희안의 책 서문에서 국가의 정치나 한 집안의 살림이나 자식을 가르치는 일의 기본 원리는 모두 꽃을 기르는 일에서 찾은 것과 매우 유사한 사상적 고민이다. 성인의 교화가 잘 이루어지면 천지의 온화한 기운이 꽃을 피우듯이 만물이 모두 제자리에서 영화롭게 된다고 보았다. 학자들의 학문 세계도 꽃과 같이 제대로 피어나기 위해서는 성인이 마련한 글을 극진히 배워서 훌륭한 임금을 만나 자기의 포부를 실현하게 된다면 곧 그 이익과 혜택이 그 시대에 입혀지며, 인자한 은혜가 물건에까지 미치어 온 천하와 국가가 모두 꽃과 같이 피어나게 된다는 것이다. 또한 선비의 불행을 꽃처럼 피어나지 못하고 시들어 버리는 데 비유하고 있다. 선비가 불행한 시대와 운명을 맞이하여 도道를 마음에 간직하고도 펴지 못하며, 교화가 집안에만 국한되고 널리 실시되지 못하는 것이 선비로서의 불행이라고 보면서 그 서문을 마치고 있다.

이 책에서 필자가 계속 붙들고 씨름하는 세 키워드는 『장자』의 허백과 『대학』의 명명덕明明德·허령불매虛靈不昧, 불교의 일체유심조一切由(唯)心造이다. 이 세 키워드와 함께 조선 왕조 500여 년 조선적 미학을 꽃피운 유불선 세 사상의 담론을 이해하기 위해서는 오늘날 안양의 호계동을 빼놓을 수 없다. 강희맹은 여러 필명 가운데 무위자無爲子와 만송강萬松岡을 쓰고 있는데, 쉽게 그는 스스로를 만 년간 변하지 않은 청청을 유지해 온 소나무 아래에서 노는 백수건달이라고 자칭한 것이다. 이 만송강도 이 지역의 소나무 숲과 관련된 필명이다. 『해동잡록海東雜錄』에 『잡록雜錄』의 배경 장소로 만송강萬松岡이라는 소나무 숲을 소개하고 있다. 그가 죽기 3년 전인 1480년에 친구인 승려 일암一菴의 부탁을 받고 〈삼소도三笑圖〉에 써 준 기문記文을 짓고 나서 시를 지었는데, 그 시에 오늘날 안양의 호계동(범계동)과 얽힌 사연이 등장한다.

오늘날 호계동의 지명 유래와 유학자인 강희맹이 불교와 도교의 선사들과의 문학 교류 활동과 어떠한 연관이 있는지는 불명확하지만 강희맹은 이곳에서 불교 선사와 교류한 것은 분명하다. 유교, 불교, 도교 세 분야의 학자들이 서로 만나 사상을 교류한 대표적인 옛이야기가 〈호계삼소도虎溪三笑圖〉이다. 이 그림은 중국 진晉나라의 고승高僧인 혜원慧遠이 여산廬山의 동림사東林寺에 있을 때 손님을 전송하면서 절 앞의 호계虎溪를 지나친 적이 있었는데 어느 날 도연명

陶淵明과 육수정陸修靜을 전송하면서는 정답게 이야기하다가 이야기에 빠져서 어느새 호계를 지나친 것을 놓고 세 사람이 모두 웃었던 이야기를 후세의 사람들이 그림으로 그려 전하였는데, 그 그림을 〈삼소도三笑圖〉라고 한 데서 기원한다.

조선 시대 이 지역 유림들은 대부분 어려서부터 절에서 공부를 하면서 유학과 불교를 모두 통섭하는 시간을 보낸다. 이 책의 필자도 이들과 마찬가지로 노동 운동을 하면서 틈만 나면 관악산, 수암봉과 수원 광교산, 서울 삼각산 일대의 불교 사찰을 돌면서 사색한 것으로 사료된다. 노장의 허백 사상과 유학의 명명덕 사상 그리고 불교의 일체유심조一切由心造 사상이 다음 시에 그대로 녹아 있다.

호계 시내 지나와서 전날 기약 어겼기에	過虎溪來負夙期
〈삼소도〉의 그림 남아 이 세상에 전하누나	圖成三笑世傳奇
상인 지닌 몸은 바로 옛날 원공 후신인데	上人身是遠公後
늙은 나는 재주 없어 도령 시만 못하구나	老我才微陶令詩[1]

이와 같이 이 지역 유림들이 불교계 선사들과 일찍부터 교류하면서 도교적인 글도 많이 남겼는데 그 대표적인 것이 운송거사雲松居士를 필명으로 지은 「파초기르기養蕉賦」이다. 이 글에는 운송거사雲松居士 강희맹의 생태 사상이 도교에서 기원하고 있다는 것을 알려준다.

---

[1] 삼탄집 제7권 次姜晉山邀津寬住持專上人詩.

그는 하늘과 땅 사이에 수없이 많은 초목草木·금수禽獸가 있지만 가장 기르기 힘든 것 중 하나가 파초라고 지적한다. 파초는 식물 중에서도 가장 연약한 식물이라 너무 건조하면 말라 죽고 너무 습하면 물러 버리기 때문에 그 기르기는 마치 국가를 운영하는 것과 같이 정성을 다해야 한다고 밝히고 있다.

금양 지방과 연관 있는 역사적 인물은 강희맹 이외에도 강감찬, 서견, 이원익 그리고 오늘날 서울시 양천구가 본관인 양천 허씨들이라 할 수 있다. 양천 허씨인 미수眉叟 허목許穆 : 1595~1682은 그의 문집 『기언記言』에 이 지역에서 활동한 인물을 소개하고 있는데, 강감찬姜邯贊 : 948~1031 장군과 고려 말 충신 서견徐甄 : 생몰 미상과 오리 이원익李元翼 : 1547~1634 등을 꼽고 「삼현사기三賢祠記」를 쓴 바 있다. 관악산에 있는 불교 사찰 연주암의 한자명이 '연주戀主'인 것은 금양의 세 현인 가운데 한 사람인 서견徐甄이 고려의 수도였던 개성 송도를 바라보며 고려를 그리워한 데서 연유한다는 이야기가 전해 오고 있다. 그는 고려 말 정몽주가 피살되었을 때 함께 박해를 받은 인물로 고려가 망하자 금양에 살면서 고려를 늘 흠모하고 눈을 감을 때까지 한양漢陽 성곽을 바라보지 않은 인물로 유명하다.[2]

허목은 『기언記言』에서 금양 지역의 역사적 일화를 두 가지 소개하고 있는데 하나는 강감찬 장군과 관련된 일화이고 다른 하나는 강희맹이 중국 항저우에서 씨앗을 가져와 안산 일대에 전파한 연꽃

---

2) 허목 기언 제16권 중편 사祠 「삼현사기三賢祠記」

마을 연성蓮城에 관한 일화이다. 허목은 오늘날 서울시 관악구 낙성대 지하철역으로 유명한 낙성대 일대 봉천동을 '강 태사 마을'이라 부르는 것과 오늘날 경기도 광명시와 안양시 그리고 안산시 일대로 추정되는 연성蓮城의 경내에 오늘날 광명시에 위치한 오리동梧里洞에 이원익의 선영先塋이 있다는 것을 소개하고 있다. 허목이 소개한 연성蓮城은 이원익과의 인연보다는 강희맹과 더 깊은 사연이 있는 지역으로 오늘날 안산시를 포함하는 일대를 말한다. 『동국여지승람』을 보면 이 일대는 삼국 시대부터 통일 신라 시대까지 노루목 입구라는 장항구현獐項口縣이었다가 고려 시대부터 현 지명인 안산安山으로 되어 있다.

미수 허목의 할아버지 허강許橿은 강희맹의 아들 강귀손의 증손녀와 결혼하였는데 그는 홀로 40년 동안 지조를 지켜 강호에서 노닐며 서호처사西湖處士라 불리고, 서호별곡西湖別曲이라고 할 정도로 중세 고려와 송의 교역 중심지인 중국 항저우를 좋아하였다. 강희맹의 형 강희안이 『양화소록養花小錄』을 집필한 필자라는 것은 다 알고 있지만 강희맹도 중국 항저우와 관련된 유명한 꽃 이야기를 가지고 있는 것은 잘 알려져 있지 않다. 이 연꽃과 파초가 간직한 유불선 세 사상의 조화를 기반으로 안산에서 문예 부흥을 일으킨 인물이 바로 단원檀園 김홍도金弘道, 1745~?이다. 김홍도는 강희맹의 후손인 표암豹菴 강세황姜世晃, 1712~1791의 제자로 알려져 있다. 단원 김홍도와 표암 강세황에 앞서 김명국金明國, 1600경~1663 이후도 안산 출신 화원이다. 이들은 구한말 강화학파와 개성 상인들과 연대하여 일본 제국주의에 맞서 독립운동을 하면서도 조선 미학을 지속적으로 꽃피운 것으로 유명하다. 한말 김윤식은 그의 문집 『운양집雲養集』에 안산이 중국 항저우와 어떠한 네트워크 속에 있었는지를 알려주는 글을 하나 실었는데 「전당추색루기錢塘秋色樓記」가 그것이다.[3]

「전당추색루기錢塘秋色樓記」에 의하면 강희맹은 명明나라 홍무洪武 연간인 1463년에 사신으로 명나라에 조회하러 갔다가 전당錢塘의 연꽃 씨를 얻어서 안산安山 집에 돌아와 못에 심었다. 흰 꽃과 붉은 꽃송이가 피어나자 그 향기가 보통과 달랐다.

이와 같이 안산 일대 유림들의 학문적, 사상적 교류 반경은 강화와 개성을 포함하는 경기도 일대이지만 국제적으로 오늘날 중국 항저우 지역에까지 그 활동 반경은 넓었다. 강희맹이 1463년에 진헌부사進獻副使가 되어 남경에 갔다 오면서 중국 절강성浙江省, 오늘날 항저우의 전당錢塘에서 연꽃 씨를 얻어 와서 안산安山에 심은 일화는 매우 유명하다. 안산의 연꽃이 온 나라에 유명해진 계기는 18세기 말 정조가 안산에 친히 행차하여 못가에서 연꽃을 감상하였는데, 그 이후로 안산을 연성蓮城이라 명명하고 특별히 과거 시제를 내어 선비들에게 과거 시험을 보이면서부터이다. 이 이후로 전당의 연꽃이 온 나라에 소문이 났다. 이때 정조대왕이 낸 시험 문제는 '살기는 안산이 가장 좋다는데 하물며 큰 풍년이 다시 들었구나[生居最說安山好

---

3) 김윤식 운양집雲養集 제10권 기記 전당추색루기[錢塘秋色樓記], 이지양, 「근대 전환기 운양雲養 김윤식金允植의 활동과 『운양집雲養集』」 2013 고전번역원 운양집 해제.

況復穰穰大有年]'이고 그 부제를, '남경에 사신으로 가서 전당의 붉은 연꽃 씨를 가져다 심고 부르기를 연성이라 하다[奉使南京 取錢塘紅種之 號曰蓮城]'였다.

강희맹이 가져 온 연꽃 씨앗의 출처는 오늘날 중국 항저우의 세계적으로 유명한 관광지로 서자호西子湖 전당호錢塘湖로 불리는 곳인데 이곳은 고려 개성과 함께 중세 시대 국제 무역의 중심지로 유명한 곳이다. 고려 수도 개성의 예성강의 또 다른 이름이 후서강後西江이다. 이 서강과 마포 서강은 항저우의 전당호와 동일한 지명을 사용하여 서호西湖라고 불리기도 하였다.

중국 절강성浙江省의 북동으로 흘러 항주만杭州灣으로 흐르는 강 옆에 조성된 호수를 서자호西湖 혹은 전당호錢塘湖라 하는데 이곳 이름이 전당錢塘인 이유는 고려 시대 수도 개성에 있는 전포錢浦가 전포錢浦로 불리는 이유와 매우 유사하다. 두 지역이 모두 돈 전錢을 사용하여 지명을 쓰고 있는 것으로 동아시아의 국제 교역망의 형성을 이해하는 데 매우 중요한 곳임을 시사한다. 역사적으로 개성과 항주는 당나라 이래로 국제 교역의 중심지로 금은보화가 항상 넘쳐나는 곳이었다.

이 책의 필자가 그리는 '어디에 있니? 아레테리아!'는 현실 세계에서 실현 불가능한 아주 먼 나라 이야기가 아니라 바로 우리가 살고 있는 이곳 한국 땅 특히 안산 땅의 과거 전통 속에 존재하고 있다는 것으로 발문을 마무리하고자 한다.

■ 고명

　유리하다고 교만하지 말고 불리하다고 비굴하지 말라.

　자기가 아는 대로 진실을 말하여 주고받는 말마다 악을 막아 듣
는 이에게 편안함과 기쁨을 주어라.

　무엇을 들었다고 쉽게 행동하지 말고 그것이 사실인지 깊이 생각
하여 이치가 명확할 때 과감히 행동하라.

　제 몸 위해 턱없이 악행하지 말고 핑계 대어 정법을 어기지 말며
지나치게 인색하지 말고 성내거나 질투하지 말라.

　이기심을 채우고자 정의를 등지지 말고 원망을 원망으로 갚지 말
라.

　위험에 직면하여 두려워 말고 이익을 위해 남을 모함하지 말라.

　객기를 부려 만용하지 말고 허약하여 비겁하지 말며 지혜롭게 중
도中道의 길을 가라.

　이것이 지혜로운 이의 모습이니 사나우면 남들이 꺼려하고 나약
하면 남이 업신여기나니 사나움과 나약함을 버리고 중도中道를 지
켜라.

벙어리처럼 침묵하고 임금처럼 말하며 눈처럼 냉정하고 불처럼 뜨거워라.

태산 같은 자부심을 갖고 누운 풀처럼 자기를 낮추어라.

임금처럼 위엄을 갖추고 구름처럼 한가로워라.

역경을 참아 이겨 내고 형편이 풀릴 때를 조심하라.

재물을 오물처럼 볼 줄도 알고 터지는 분노를 잘 다스려라.

때로는 마음껏 풍류를 즐기고 사슴처럼 두려워할 줄 알고

호랑이처럼 무섭고 사나워라.

때와 처지를 살필 줄 알고 부귀와 쇠망이 교차함을 알라.

이것이 지혜로운 불자의 삶이니라. (부처님 말씀, 『잡보잠경』)

너무 지나치게 관용하거나 너무 지나치게 엄격한 것은 자기의 지위를 위협하게 되니 부드러움과 엄격함에 조화를 이루게 하라.

지나치게 관대하면 업신여김 당하고 지나치게 엄격하면 원한을 사게 된다. 그러므로 중도中道를 가라.(부처님 말씀, 현암사)

공자孔子 온이려溫而勵 위이불맹威而不猛 공이안恭而安(『논어』 「술이편」)

"공자께서는 온화하면서 엄숙하고, 위엄이 있으면서 사납지 않으며, 공손하면서 편안하였다."

군자君子 의이위질義以爲質 예이행지禮以行之 손이출지孫以出之 신이

262

성지信以成之(『논어』「위령공편」)

"군자는 의로써 바탕을 삼고 예로 행하며 겸손함으로 나오고 신뢰로 이룬다."

정자 왈程子曰 인자仁者 이천지만물위일체以天地萬物爲一體 막비기야莫非己也 인득위기認得爲己 하소부지何所不至(『논어』「옹야편註」)

"인자는 천지와 만물을 한몸으로 여기니 자기 아닌 것이 없다. 천지만물이 모두 자기와 일체임을 인식한다면 어디에 이르지 못할쏜가?"

자 왈子曰 군자유구사君子有九思 시사명視思明 청사총聽思聰 색사온色思溫 모사공貌思恭 언사충言思忠 사사경事思敬 의사문疑思問 분사난忿思難 견득사의見得思義(『논어』「계씨편」)

"군자는 아홉 가지 생각하는 바가 있으니 볼 때는 밝은 면을 생각하고 들을 때는 총명하게 하며 얼굴은 온화하고 모양은 공손하며 말은 충직하고 일은 경건하며 회의하면 물어보고 화나면 어려운 때를 생각하며 얻을 때는 의를 생각한다."

교단의 발전과 화합을 위한 일곱 가지 법

첫째, 서로 자주 모여 정의를 강론하라.

둘째, 상하가 하나로 화합하여 공경하고 뜻을 어기지 말라.

셋째, 법을 만들고 금할 것을 금하여 제도를 어기지 말라.

넷째, 스승을 받들어 섬겨라.

다섯째, 마음을 닦되 효도와 공경을 우선으로 하라.

여섯째, 계행을 닦아 욕심과 감정에 치우치지 말라.

일곱째, 남을 먼저 생각하고 자기를 뒤로하며 명예와 이익을 탐내지 말라.(부처님 말씀, 『중일아함경』)

자절사子絶四 무의無意 무필無必 무고無固 무아無我(『논어』「자한편」)

"공자는 네 가지 마음을 끊으니 사사로운 뜻과 그걸 이루려는 마음과 집착하는 마음과 이기심이다."

자 왈子曰 오유지호재吾有知乎哉 무지야無知也 유비부문어아有鄙夫問漁我 공공여야空空如也 아고기양단이갈언我叩基兩端而竭焉(『논어』「자한편」)

"공자는 내가 아는 것이 있는가? 아는 것이 없지만 누군가 나에게 무엇을 묻는다면 그가 모르더라도 나는 묻는 내용의 양단을 다 말해 준다."

정자 왈程子曰 학이지호성인지도야學以之呼聖人之道也 천지저정天地儲精 득오행지수자위인得五行之秀者爲人 기본야진이정基本也眞而靜 기말발야基末發也 오성구언五性具焉 왈曰 인의예지신仁義禮智信 형기생의形旣生矣 외물촉기형이동어중의外物觸基形而動於中矣 기중동이칠정출언

264

基中動易七情出焉 왈曰 희노애구애오욕喜怒哀懼愛惡慾 정기치이익탕情旣
熾而益蕩 기성착의其性鑿矣 고故 각자각자覺者 약기정約基情 사합어중使合於中
정기심正其心 양기성이기養其性易己(『논어』「옹야편註」)

"정자가 말하길 배워서 성인에 이르는 방법이 있다. 천지가 정기
를 쌓아 만든 만물 중에 오행의 빼어난 정기를 얻은 것이 사람이니
그 본체는 참되고 고요하다. 이것이 미발했을때는 오성이 구비되어
있으니 인의예지신이다. 그리고 형체가 생기면 외물이 그 형체에 접
촉하여 마음이 움직인다. 그 마음이 움직여 칠정이 나오니 희노애구
애오욕이다. 감정이 성해져 방탕해지면 본성을 잃게 된다. 고로 선
각자는 정을 단속하여 중도에 합하게 하고 그 마음을 바르게 하여
본성을 기를 뿐이다."

성자誠者 천지도야天之道也 성지자誠之者 인지도야人之道也(『중용』)

"정성(최선)은 자연의 길이며 정성을 다하는 것은 사람의 길이
다."

자성명自誠明 위지성謂之性 자명성自明誠 위지교謂之敎(『중용』)

"정성스러움으로 말미암아 밝은 것을 일컬어 본성이라 하고 정성
스러움을 밝히는 것이 배움이다."

성즉명의誠則明矣 명즉성의明則誠矣(『중용』)

"정성스러움이 밝은 것이며 밝은 것이 정성스러움이다."

유천하지성惟天至誠 위능진기성爲能盡基性 능진기성能盡基性 즉능진인지성則能盡人之性 능진인지성能盡人之性 즉능진물지성則能盡物之性 능진물지성能盡物之性 즉가이찬천지지화육則可以贊天地之化育 즉가이흥천지참의則加以興天地參矣(『중용』)

"하늘이 정성스러움으로 말미암아 능히 본성을 다하며 본성을 다함에 사람이 본성을 다하는 것이며, 사람이 본성을 다함에 만물이 본성을 다하는 것이며, 만물이 본성을 다함에 자연이 가히 어우러져 자라는 것이며, 함께 자연에 어우러 진다."

성자誠者 자성야自成也 이도而道 자도야自道也 물지종시物之終始 불성不誠 무물無物 시고是故 군자君子 성지위귀誠之爲貴(『중용』)

"정성스러움은 스스로 이루는 것이기에 도리이다. 도는 만물의 처음과 끝이니 정성이 없으면 만물은 없다. 그러므로 군자는 정성스러움을 귀하게 여긴다."

참고 문헌

성백효	『논어집주』 전통문화연구회 1990
	『대학·중용집주』 전통문화연구회 1994
	『동몽선습·격몽요결』 전통문화연구회 1992
김용옥	『중용한글역주』 통나무 2015
	『우리 아무것도 몰랐다』 통나무 2020
석지현	『법구경』 민족사 1994
	『벽암록』 민족사 2007
박찬승	『한국독립운동사』 역사비평사 2014
이기동	『동양 삼국의 주자학』 성균관대출판사 1995
배병삼	『한글 세대가 본 논어1,2』 문학동네 2002
전성호	『조선 시대 호남의 회계문화』 2007
성철	『백일법문』 장경각 2014
용수	『중론』 경서원 2001
법륜	『금강경 이야기 上, 下』 정토출판 2004
강신주	『철학&철학』 그린비 2010
존 롤스	『정의론』 이학사 2003
괴테	『파우스트』 열린책들 2009
요슈타인 가아더	『소피의 세계』 현암사 1994

불교 경전 : 『금강경』, 『숫타니파타』, 『잡아함경』, 『남전대장경』 外 다수